日本思想史

末木文美士

Fumihiko Sueki

岩波新書
1821

はじめに――必須としての日本思想史

長い間、日本人にとって過去の自分たちの思想は、まともに考えるべき対象とはされてこなかった。思想や哲学と言えば、西洋から輸入されたものを指し、最新流行の欧米の概念を使って、その口真似のうまい学者が思想家としてもてはやされた。思想や哲学は一部の好事家の愛好品か、流行を追うファッションで十分であり、そんなことには関係なく、国も社会も動いてきた。

ところが困ったことに、ここ二、三十年、欧米の思想界も行き詰まり、輸入すべき最新の思想が枯渇してきた。時代は大きく変わり、日本国内も、そして世界も、あらゆる問題が一気に押し寄せてきて、誰もが右往左往している。もはや表面だけの格好いい思想では済まなくなっている。今こそ本当の思想や哲学が不可欠になっている。自らの立ち位置を確認し、地に足のついた、本当に長い将来を見込める思想が必要だ。それは、お仕着せではなく、自分自身の過去をしっかり踏まえ、そこから必然的に湧き上がってくる思想でなければならない。

そこで、慌てて日本の過去の思想家に目が向くことになる。道元《どうげん》やら本居宣長《もとおりのりなが》やらが急に脚光を浴びるようになってきた。だが、思想史の文脈から切り離され、唐突に過去の思想家が持ち出されても、所詮は付け焼刃に過ぎず、自分に都合のいいところだけ切り出して、分かったつもりになっているに過ぎない。思想史の全体の流れをきちんと押さえ、その中で個別の思想がどのような位置づけを持ち、どのような長所、短所を持つか、適切な理解が必要となる。例えば、西洋の哲学にしても、いきなりアウグスティヌスだけ、あるいはデカルトだけ読んだところで、彼らがどのような哲学史的な位置に立つのかが分からなければ、正しく理解することはできない。

そこで、日本思想史が必須となる。日本の思想がどのような流れをもって展開してきたのか、たとえ大雑把でもよいので、その見取り図を頭に入れた上で、個別の思想を取り上げるのでなければならない。最近、日本思想史の概説的な本が少しずつ出てきてはいる。しかし、個別思想の寄せ集めでなく、全体の大きな流れがただちに理解できるかというと、必ずしもそうなっていない。日本の過去には、パッチワークのようにいろいろな思想が入り交じっているが、それらは無秩序に散りばめられているかのようで、全体像はなかなか見えてこない。

本書は、それらの思想が決して無秩序にばらばらにあるものではなく、全体として構造を持ち、大きな流れを描いているのではないか、という仮説のもとに、その全体像を描いてみようとする試論的なスケッチである。新書のわずかな分量では、個々の思想に立ち入って詳しく論ずることはできない。しかし、それだけに個別の問題に深入りすることで見えにくくなる全体の流れを、あたかも俯瞰図のように見通すのには好都合かもしれない。古代から現代にまで至る千数百年を一気に駆け抜けるのは無謀に見えるかもしれない。だが、たとえ無謀で、さまざまな見当違いがあるとしても、こうして一つの見方を提示しておけば、次に来る人はそれを批判したり、あるいはまったく別のルートを開拓したりすることもできるであろう。その捨て石となるならば、本望である。

本書がどのような筋道を立てて、日本思想史の全体の流れを理解しようとするか、その方法論については、第一章をご覧いただきたい。簡単に言えば、王権と神仏を両極に置き、文化や生活がその両極の緊張関係のもとに営まれるという図式である。それらがどのように関係し、どのように変化するか、という点に着目することで、時代の変転を見ることができる。日本人は決して思想を疎《おろそ》かにして、いい加減に生きてきたのではない。それぞれの時代の課題に対して真剣に考え、自分たちの生き方を模索してきた。そのような先人の営みを振り返り、それを糧として、はじめて次の時代を築いていく大きな見通しを得ることができるのだ。そんな当然すぎることが、これまで忘れられていた。それをきちんと引き受けようというその第一歩を踏み出すことが、本書の目指すところである。

目次

目　次

目　次

目次

第一章　日本思想史をどう捉えるか

1　日本思想史への視座

日本に哲学はなかったか?

「わが日本古《いにしえ》より今に至るまで哲学なし」とは、中江兆民《なかえちょうみん》が喉頭癌で余命を宣告されて書いた『一年有半《いちねんゆうはん》』(一九〇一)の中の名文句である。自らフランス哲学を学んだ兆民は、当時の日本の「哲学者」に対して、「泰西某々《たれそれ》の論説をそのまま輸入」したものと手厳しい。しかし、兆民は同時に、「哲学なき人民は、何事を為すも深遠の意なくして、浅薄を免れず」と、哲学の必要を誰よりも切実に認識していた。

兆民のこの言葉は、その後、広く人口に膾炙されるが、兆民の切実な希求は見失われ、日本には哲学がない、ということが当たり前の事実として受容されるようになった。主要な帝国大学では、哲学と言えば当然のこととして西洋哲学が学ばれ、言い訳のように、それを補って支那(中国）哲学や印度哲学の講座が設けられたが、「日本哲学」が語られることはなかった。

確かに、日本に西洋哲学と同じようなものを探したとしても、なかなか見つからないかもしれない。しかし、そのことはしばしば誤解されるように、日本人の生き方が無原則でいい加減であったということではない。世界や人間をどう捉え、どのように生き、またどのような政治が望ましいのかという思索は真剣に展開されてきた。ただそれが、普遍的と見なされる論理を用いて理性的に構築される西洋の哲学のやり方と異なるというだけである。それにもかかわらず、西洋と同じタイプの哲学がないという理由で、先人の営為は無視され、その研究が放置されてきたのである。

日本思想史研究の黎明

そうした中で、日本人のものの考え方を、適用範囲の限定された西洋タイプの哲学ではなく、もっと柔軟に多様な形態を許容する思想として見直し、それを歴史的に解明しようという動きが、大正頃になって生まれてきた。その先頭を切ったのが、津田《つだ》左右吉《そうきち》の『文学に現はれたる我が国民思想の研究』全四巻（一九一六―二一）であった。津田は思想史研究の素材として、理論的なテキストでなく、文学を用いるという方法によった。それは、概念的、抽象的な理論ではなく、生活心情の変遷に重点を置いた思想変遷史を求めたからであった。津田は、「貴族文学の時代」（推古朝前後～新古今集頃)、「武士文学の時代」(その後、江戸時代初期まで)、「平民文学の時代」(寛文元禄～明治十年代)の三つの時期に分け、日本思想の通史を叙述した。津田は早稲田大学で教鞭をとり、大きな影響を与えた。

その後、和辻哲郎《わつじてつろう》、村岡典嗣《むらおかつねつぐ》らによって、次第に日本思想史が学問分野として確立されるようになった。和辻は『日本精神史研究』(一九二六)において、文学・美術・宗教などの幅広い領域をカバーしたが、後には東京帝国大学の倫理学研究室を率い、『日本倫理思想史』全二巻(一九五二)を著している。村岡典嗣は『本居宣長』(一九一一)が高く評価され、東北帝国大学に日本思想史学の基礎を築き、『日本思想史研究』全四巻(一九三〇―四九)などの一連の着実な研究を進めた。東北大学はその伝統を受け継ぎ、主要国立大学で唯一の日本思想史講座を設け、今日に至るまでこの分野をリードしている。

昭和前期は、国家主義の高まりの中で日本思想への関心も深まり、皇国史観に立つ平泉澄《ひらいずみきよし》なども大きな影響を与えた。他方で、マルクス主義の立場からは「日本哲学史」という観点からの研究が進められ、永田広志の『日本哲学史』(一九三七)などの労作がある。マルクス主義から出発した三枝博音《さいぐさひろと》は、『日本哲学全書』全十二巻(一九三六―三七)を編纂して基礎資料を出版するとともに、『日本の思想文化』(一九三七)において、皇国主義に傾斜する時代の中で、日本の伝統を冷静に合理的な視点から捉え直す作業を進めた。

丸山眞男と戦後の日本思想史研究

戦後の新しい日本思想史研究をリードしたのは、丸山眞男であった。丸山は戦争中に進めた研究をまとめて『日本政治思想史研究』（一九五二）を刊行し、大きな衝撃を与えた。本書は、荻生徂徠《おぎゅうそらい》が社会制度を聖人の制作とした点に着目し、そこに「自然」に対して人間の「作為」を重視する近代的な思考の形成を見た。それは、近代とは何かという問題や、明治以前に日本独自の近代化の可能性があったか、という問題への一つの解答であり、その後の思想史研究に大きな影響を与えた。丸山は東京大学法学部で日本政治思想史の領域を確立するとともに、戦後の進歩的知識人の先頭に立ち、『現代政治の思想と行動』全二巻（一九五六―五七）において戦前の日本ファシズムの思想的分析に着手した。後には、『忠誠と反逆』（一九九二）で、日本文化の「古層」の概念を提出して、伝統思想の理解に一石を投じた。

戦後は、戦前の皇国史観や国体論への反発から、マルクス主義などの影響下に進歩的な歴史観が浸透し、思想史の分野でも、仏教史から近代思想の研究に転じた家永三郎などが活躍した。一九七〇年代を中心に、『日本思想大系』全六十七巻（一九七〇―八二）、『日本の名著』全五十巻（一九六九―八二）、『日本の思想』全二十巻（一九六八―七二）など、原典や翻訳の大きなシリーズが出て、思想史研究の基礎が築かれた。その後、それらの資料に基づいて日本思想史の研究は活発化し、堅実な成果が積み重ねられている。一九六八年には日本思想史学会が設立され、機関誌『日本思想史学』が刊行され、それ以外にも、『季刊日本思想史』も刊行されている。近年では、『岩波講座日本の思想』全八巻(二〇一三―一四)、『日本思想史講座』全五巻(二〇一二―一五)などに、最新の成果が集約されている。また、『日本思想史辞典』(二〇〇一)などの辞典類も出版されている。

日本思想史の困難

このように、日本思想史の研究は着実に成果を積み重ね、海外の研究者も少なくない。しかし、それだけに対象も方法も多様で、必ずしも標準的な理解が成り立っているわけではない。ばらばらな個別的な知識ではなく、全体的な流れや動向をどう把握したらよいか、明確ではない。それは何故困難なのであろうか。

その大きな理由は、日本の思想は外来の思想をもとに、それを変容することで形成されていることによる。前近代においては、その基は多く中国に由来して、仏教であったり、儒教であったりする。そして、それへの反発として日本の独自性を主張する国学や神道が形成される。それらは別々の聖典を持ち、異なった概念を用い、相互に閉ざされた形で並立しているように見える。仏教ではインドから展開した大蔵経、儒教では古代中国に由来する『論語』などの十三経、国学では『古事記』『日本書紀』などの日本の古典を聖典として、それぞれの理論的な根拠を求める。それゆえ、それらを総合する視点の形成が難しい。

日本の思想史は、西洋の哲学史のように思想史の中核となるものがなく、異なる流れが同時並行的にばらばらの主張をしているかのように見える。内容的にも、儒教が政治や倫理を重んじるのに対して、仏教や神道は宗教思想であり、両者は問題意識が異なって、その議論は必ずしも嚙み合わない。それ以外にも文学や芸能の思想など、多様な分野の思想が展開している。それゆえ、それらは異なる専門の研究者によって別々に研究され、統合されにくい。中世は仏教で宗教思想史が中心、近世は儒教や国学で政治思想史が中心というように、時代によって大きな断絶があるかのように見られて、連続した展開が見えにくいことになる。そのような問題点を克服し、日本思想史を大きな流れとしてどのように捉えたらよいのか、本書はその一つのたたき台としての試論を提供することを目指している。

2　日本思想史の構造——王権と神仏

王権／神仏／思想

日本思想史を大きな流れとしてその全体像を捉えることができるだろうか。本書はその一つの試みを提示したいが、その際、個別の思想というよりも、それらの思想がどのような枠組みの中で展開するかという、大きな構造を仮説的に提示し、その構造の中での思想展開を叙述していくという方法を採る。

それでは、その構造を形成する大きな要素は何であろうか。その根本的な要素として、王権と神仏という対抗する二つの極を考えることができる。王権は国家統治に関する政治的な機能を有し、その点で世俗的な権力を表わす。それに対して、神仏は世俗を超えたところから世俗的な次元にも力を及ぼすもので、宗教的な要素と言うことができる。前者の領域は顕在的に現象しているという点で、「顕」の世界とすれば、後者の領域はそれを超えて表から見えない問題に関わるという点で、「冥」と呼ぶことができる。顕と冥は、中世の仏教系で用いられた語であるが、神道系では後者は「幽」と呼ばれる。ただし、ここでの問題は思想史であるから、神仏自体を問題とするのではなく、神仏がどのように捉えられるかという思想的な問題に焦点を当てる。この二つの極の間に、必ずしもそのどちらかに吸収されきれないさまざまな思想や文化、あるいは人々の生活が成り立つと考えられる。

このような思想史の構造は、近世までの前近代においてもっともよく当てはまる。それに対して、明治維新後の近代においては、それまで両極に分かれていた王権と神仏の要素が天皇を中心として一元化される。そのような体制はまた、戦後に解体され、西洋的な近代の民主主義の理念が根底に置かれるようになる。このように、日本の思想史は大きく三つに分けて考えることができる。前近代と近代と戦後である。それをそれぞれ大伝統・中伝統・小伝統と呼ぶことにする。「伝統」と呼ぶのは、単なる時代区分でなく、それぞれが伝統として重層化して蓄積し、今日の日本の思想文化を規定していると考えられるからである。以下、三つの伝統について、もう少し詳しく見てみよう。なお、これらの構造を分かりやすく示すために、いくつかの図を掲げるので、参照されたい。

大伝統の構造

大伝統は、大きな力を発揮する王権と神仏を両極に置き、両者の相補的な緊張関係の中にさまざまな思想や文化、人々の生活が形成されるという構造を持つ(図1)。王権は世俗的、現世的な「顕」の世界の秩序と関わるとすれば、神仏はその背後にある超世俗的、超現世的な「冥」の秩序と関わる。世俗的な王権は神仏を保護すると同時にその強大化を畏れて統制しようとする。しかし、超越的な力を持つ神仏を無視することはできない。それに対して、神仏の側は世俗を超えた冥の世界の強大な力をもって王権に対し、それを支持したり、あるいは糾弾し対抗する。両者は対抗しながらも、相互に補完関係に立つ。中世的に言えば、王法仏法相依と言われる関係である。そして、両者の緊張の中に文化的、社会的活動や人々の生活が営まれる。

このように見ると、思想史は三つの分野から考えなければならない。第一に王権に関する思想であり、政治思想と言うことができる。第二に神仏に関する思想であり、宗教思想と言うことができる。第三に、両者の緊張関係の中に展開する思想であり、古典解釈などの知識階層における知的な営為や文学・芸能などに関する思想、あるいは実践的な倫理思想を含む。それと同時に、より生活に密着した医学・暦法・労働・技術などに関する思想も考えられる。このように大伝統の基本的な形は三分野からなる。それぞれの内部構造、あるいは相互の力関係などは時代によって異なるが、三分野を考えていくことで、通時代的な思想の変遷は捉えやすくなるであろう。

そこで問題になるのは、確かに中世に関しては両者の緊張関係の中に思想を捉えることは可能であるが、古代や近世は必ずしもそう言えないのではないか、という疑問である。古代には王権と神仏がそれぞれ展開し、密接に関わるが、必ずしも両者が両極として緊張的な補完関係に立つわけではない。しかし、これはいまだ安定的な両極構造ができあがる前の形成過程と考えることができる。その安定構造ができるのは平安中期と見られるので、それを中世の開始と捉えることにする。それゆえ、常識的に考えられる古代・中世の区分といささか異なっている。

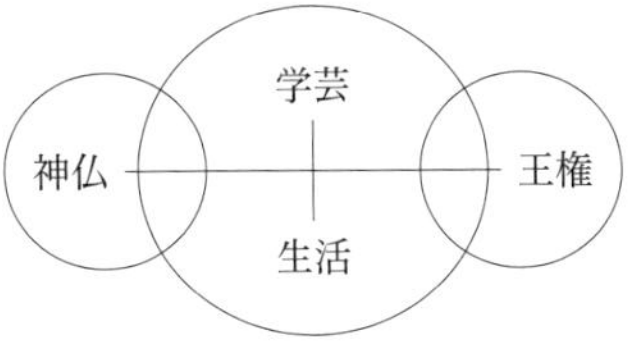

図1　日本思想史の構造（大伝統）

近世に関しては、確かに中世に較べると神仏の力が弱まり、世俗化の進

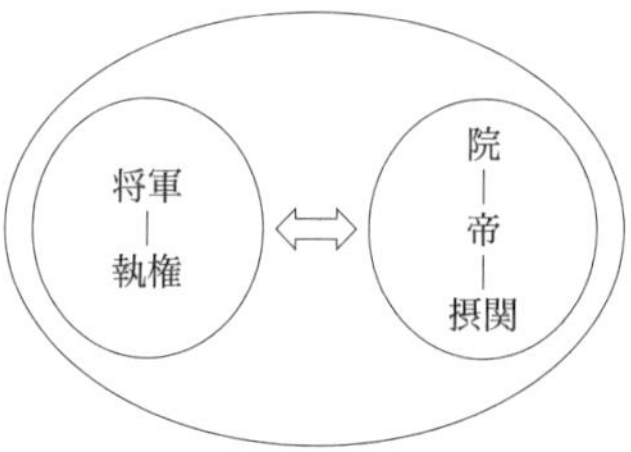

図2　中世王権の構造

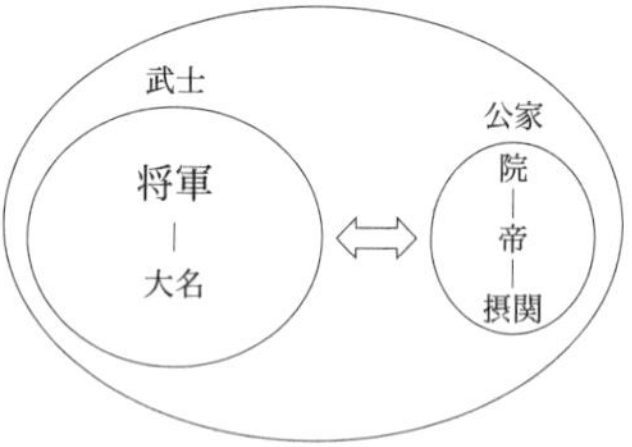

図3　近世王権の構造

展が著しいように見えるが、実際には、江戸時代初期にはまだ儒教の力はそれほど大きくなく、崇伝《すうでん》・天海《てんかい》などの仏教者が政治を動かしている。また、江戸中期には確かに世俗化が進むが、江戸後期には復古神道の進展が著しい。近世思想史を世俗化という観点だけから見ると、この現象は説明がつかない。近世を通じて神仏の問題は大きく、その点で大伝統の中で見ることができる。ちなみに、本書では近世の開始を戦国期に見る。それは、戦国期には王権に関して言えば、江戸期にまで続く大名による地域支配が進むこと、神仏に関して言えば、キリスト教の伝来で宗教思想が大きく転換して、それが江戸期につながると考えられるからである。

大伝統は、王権と神仏という二つの極を持つが、さらにそれぞれがまた重層構造をなすという複雑な構成になっている。神仏に関して言えば、土着の神と外来の仏がどう関係するかは大きな問題である。それは、神と仏の関係であるとともに、仏教と神道という体系化された思想の問題でもある。後者の点に関して言えば、もともと神道という理論体系はなく、それが自覚的に形成されるようになるのは、仏教の側からの本地垂迹説《ほんじすいじゃくせつ》のような形での包摂に始まり、次第に中世を通じて独自の思想体系を模索するようになる。それが近世末の復古神道において排仏の立場を鮮明にして、明治初期の神仏分離や廃仏毀釈につながることになる。

王権の側もまた重層化する。平安期にはまず摂関制度が確立して、次いで院政期には上皇が治《ち》天《てん》の君《きみ》として実権を握り、天皇（帝）は次第に形式的、儀礼的存在となる。さらに鎌倉期以後になると、幕府が実質的な政治権力を握り、朝廷と二元体制になる（図2）。近世になって幕府権力が増大しても、天皇の存在は消えるわけではない（図3）。重要な儀礼上の役割を果たし続け、やがて江戸時代後期には改めて天皇が注目されるようになり、明治維新につながることになる。

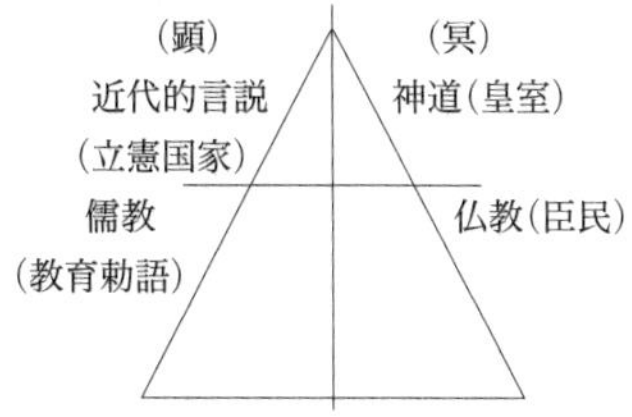

図4　日本思想史の構造（中伝統）

中伝統から小伝統へ

中伝統は明治以後、第二次世界大戦敗戦までの思想構造である。この時期には、大伝統の両極構造、さらには両極がそれぞれまた内部の重層構造を持つという複雑な構造が一気に崩壊し、天皇を頂点とする一元的な構造へと転換する。これは図4に示すように、四つの領域を持っている。「顕」の側の頂点的なところは、西洋の新しい思想文化の導入によって憲法を制定し、日本もまた欧米と並ぶ文明国であることを示す。しかし、それを支えるためには、下部に儒教的な忠孝の道徳倫理が必要となる。そのような世俗領域に対して、神仏の「冥」の領域はどうなるかというと、神社は天皇の祖先を祀った伊勢神宮を頂点に再編される。それに対して、一般の国民は仏教式で祖先を祀ることになる。このような構造は全体として家父長的な体制を形成し、天皇は国家全体の家父長としての地位に立つ。このような枠組みの中で、西洋近代の思想文化を受容して、新たな思想形成に向かうことになる(詳細は第十章参照)。

第二次世界大戦敗戦によってこの中伝統が崩壊して、新たに小伝統が形成される。これは、平和・人権・民主などの原理を人類普遍的な理想として掲げ、王権＝天皇は象徴として議論の外に置かれ、また神仏の要素はまったく考慮されなくなる。しかし、実情に合わない急ごしらえの理想主義はあくまでもタテマエであり、ホンネは冷戦構造の中でアメリカ依存の半独立状態が続く。その中で、タテマエに基づく戦後進歩主義が進展する。そのような小伝統が解体する中で、今日の脱近代の思想崩壊状態に至っている。本書は、紙数の関係から、小伝統以後については簡単に触れるだけにとどめ、別の機会を期することにしたい。

3　前提としての中国

モデルとしての中国思想

日本思想の大きな特徴は、常に外来思想に決定的に規定されながら、その中でどのように独自のものを打ち出せるかということが求められてきたところにある。その外来思想は、前近代においては中国思想であり、近代においては西洋思想であった。ここでは、前近代（大伝統）の場合を考えてみよう。

中国の古代王朝の殷《いん》は紀元前一六〇〇年頃に始まると言われる。日本の国家形成を三世紀の邪馬台国の頃とすると、それより二千年近くも前に歴史が始まり、文字文化が始まっていたことになる。その後、紀元前十一世紀頃には周が興り、その分裂から春秋・戦国時代（前七七〇―前二二一）を経て、秦《しん》（前二二一―前二〇七）によって統一される。前漢（前二〇六―八）、後漢（二五―二二〇）という古代統一王朝を経て、三国時代の魏《ぎ》になって、ようやく邪馬台国が朝貢するのである。日本がやっと文明に目覚めた時には、中国はもう歴史を一回り終えて、次のサイクルに入っていたと言うことができる。日本が中国から多くを摂取する隋・唐時代はそれからさらに時代を経て、再統一された新しい帝国の時代であった。新興国日本がいくら頑張ってみても、その歴史の厚みに到底勝てるわけがなかった。

中国が真剣に日本に学ぶようになるのは、近代に入って、西洋思想の取り込みに日本が先に成功し、それを中国のほうが後追いすることになってからである。それまでは、中国から見れば日本は周縁の野蛮国であり、そこから中国が学ぶべきことはほとんどないと考えられてきた。日本から見れば常に中国は先進国であり、中国をモデルとして自国の思想形成がなされることになった。

中国においては、春秋・戦国時代に諸子百家と言われるようなさまざまな思想家たちが出現した。中国では、常に政治思想が中核的な位置を占めている。中でも、兼愛《けんあい》(平等の愛)を説く墨家《ぼっか》に対して、礼の秩序に則った人間関係を説く儒家が次第に強くなっていった。秦の統一が厳格な法律の適用を説く法家に基づいていたのに対して、漢は儒家の徳治主義を採用し、次第に国教化していった。漢代の儒家(儒学・儒教)は天の形而上学を取り入れ、天人相関説を立てた。天人相関説は董仲舒《とうちゅうじょ》によって主張されたもので、支配者である天子＝皇帝の政治の善悪によって、天が災異や瑞祥《ずいしょう》を示すというものである。それによって、悪政が懲らされ、善政が勧められるという徳治主義が貫徹することになる。もっとも極端な場合、ひどい悪政が行われると、天がその王朝を見限り、有徳の新しい王朝に支配の権限を与える。これが革命(命を革《あらた》める)であり、王朝の姓が変わるので、易姓《えきせい》革命と呼ばれる。革命の理論は『孟子』に説かれ、王朝の交替を合法化することになった。このように、中国の王朝は天によって承認されることで正統とされるのであり、その点で、西洋の王権神授説と近いところがある。

皇帝のもとでは官僚たちが実際の政治を掌る。六朝《りくちょう》時代には世襲的な貴族が権力を持ち、そのような体制は唐代まで続くが、中国社会ではこうした世襲的な権力の継承は必ずしも中心とはならず、宋代以後は公務員試験に当たる科挙《かきょ》によって官僚を採用するようになった。科挙には儒教の経典の知識が求められたため、その研究が盛んになり、特に朱熹《しゅき》(朱子)が新しい注釈を確定してからは、それが正統的な教学として、科挙に用いられるようになった。科挙では文章力も試されるので、科挙を通った官僚は、同時に古典に通じ、文章力もある知識人(士大夫)でもあった。このように、中国の支配構造では、天－皇帝－官僚(＝知識人)－一般庶民というタテ型の基本構造がモデルとなった(図5)。ただし、明代以後になると、一般庶民の中でも経済力を身に付け、新しい文化の担い手になるものが出てきた。

もう一つ中国に関して重要なのは、このような儒教の礼に基づく徳治主義は、文明化の尺度であり、それを実現している漢民族の中国国家こそが「中華」であり、その周縁民族はそれより劣る野蛮な夷狄《いてき》だという華夷《かい》思想が常識化したことである。単に武力によって征服する覇権主義は正当化されず、礼の秩序に基づく文化国家でなければならなかった。それゆえにこそ、周縁の異民族も中国をまねて儒教的な礼を取り入れることになる。それと同時に、華夷関係は、実際の外交上は冊封《さくほう》体制によって位置づけられた。冊封体制は、周縁国が朝貢し、それに対して中国の皇帝の側は称号や印章などを与えて、

天
｜
皇帝
｜
士大夫
｜
庶民

図5　比較対象としての中国思想

上下関係を明確化する。周縁国は形式的に下位に置かれるが、その分実利を得て、それによって平和な関係が築かれることになる。

仏教の位置づけ

それでは、このような中国思想史の中で、仏教や道教はどう位置づけられるのであろうか。まず、遡って仏教の原点から考えてみよう。仏教は言うまでもなくインド生まれの宗教で、シルクロードを通って中国に入った(後には南海経由もある)。まったく異なる思想文化の中に、しかも翻訳を通して導入されたのであるから、そこには大きな変容が生じていることは間違いない。しかし、どれほど変容しても、中国の正統的な儒教などとはまったく異なる宗教思想であり、その異質性が注目を浴び、正統的な儒教との論争や権力による弾圧も蒙りながら、儒教によって満たされない要求の受け皿ともなって次第に定着した。

中国の正統思想との最大の相違は、仏教は政治思想ではなく、個人の苦しみからの解放(解脱)を求める宗教だという点にある。世俗の秩序から脱出して「方外《ほうがい》」の世界に遊ぶことを理想とする。それが儒教の世俗倫理の立場から批判されることになるが、世俗の枠組みの中で苦労する知識人たちにとっては、逃避所としての機能を果たす。仏教が政治の場に出ることがないわけではない。それは六朝時代から唐代へかけて、とりわけ則天武后《そくてんぶこう》の周の時代に典型的に見られたが、全体の思想史の中では例外的と見ることができる。ただし、南北朝期の北朝などの異民族支配地域では仏教が大きな力を持っていた。仏教のもう一つの重要な役割は、一般民衆の中に入り込み、信仰を集めたことである。その傾向はとりわけ明代以後に著しい。それとともに、白蓮教《びゃくれんきょう》のように、反体制的教団となることもあった。

道教は、もともとは老荘思想に由来し、老子を神格化するが、そこから発展して、不老長寿を求める神仙思想となった。その分仏教より世俗性が強いが、山中に籠る方外の要素は共通する。それとともに、仏教以上に民衆宗教として集団化して、反体制的運動の核となることが多かった。後漢を揺るがせた太平道など、その典型である。

中国思想と日本

日本の体制を中国と較べてみると、その差異は明らかである。確かに日本は中国から基本となる思想の要素を輸入し、その模倣に努めた。しかし、その中で形成された安定構造は、中国の場合とは大きく異なっている。中国の天と皇帝との関係に基づく構造は、ある意味ではすっきりしていて分かりやすい。ところが、日本の王権はそれに較べてはるかに複雑である。天は王権を承認する超越的な存在ではなく、天の神が王権の中核たる天皇の祖先であり、血統的に天からつながるという構造になっている。近世から近代の中伝統へかけて、日本には革命がなく、王朝が一貫していることが、日本の優越性を示すかのように喧伝されることになった。

次に注目されるのは、神仏との関係である。確かに中世・近世の即位灌頂《そくいかんじょう》のような儀礼はあるが、基本的には上述のように王権と神仏は緊張を持った相補関係をなしていて、神仏の要素は現世超越的でありながら、現世に大きなはたらきを示し、王権とも密接に関連している。それと同時に、王権自体がまた重層構造になっている。広大な領域を支配する中国と異なり、日本ではそのような一元的な強大な帝王権は不要であり、多様な要素が残存したと考えられる。日本が危機的な状況に曝された中伝統において、はじめて強大な一元的支配構造が作られるのである。

常に中国の巨大で先進的な思想文化に圧迫され、それを受容しながらも、日本においてはそれに対する反発もずっと持続し、自立性を模索する動向が思想を動かす大きな動力となっていた。大和朝廷は早い時期に中国との冊封関係から離脱し、やがて日本こそ中心と見る日本型華夷思想と言われる発想が顕著になっていく。その点、朝鮮のように中国と地続きでなく、海を隔てているということが有利に働いたという面も考えられるであろう。このような中国との関係、そして近代になれば欧米との関係を抜きにして、日本思想史を考えることはできないのである。

I　思想の形成〔古代〕　～9世紀

第二章　日本思想の形成——飛鳥・奈良・平安初期

1　律令と神話

国家の形成

無文字時代が長く続いた日本では、国内には古い文字記録はない。そこで中国の史書に残された外から見た記録ということになり、有名な『魏志《ぎし》』の倭人伝がまず注目される。そこには、三世紀頃の「倭《わ》」の情勢が詳しく記されている。倭は多数の国に分立して争っていたが、その混乱を治めるために、共同して女王を立てたという。それが邪馬台国の卑弥呼《ひみこ》である。邪馬台国に関して、王権の思想史の面からは、次のような点が注目される。

第一に、卑弥呼は「鬼道《きどう》に事《つか》え、能《よ》く衆を惑わす」と言われるように、シャーマンとしての性格が明らかである。しばしば日本の古来の宗教はアニミズムとされるが、そのような証拠はどこにもない。逆に、神が憑依《ひょうい》するシャーマニズムの形態は、民間も含めて今日まで長く継承されている。天皇もまた、起源的にはシャーマン的な性格を有したと考えられる。しかし、同時に邪馬台国の実際の政治は男弟が補佐したとされ、一種の政教分離体制が採られていたと考えられる。『日本書紀』によると、崇神《すじん》天皇六年に、「神の勢を畏りて」天皇と神との共住をやめ、豊鍬入姫《とよすきいりびめの》命《みこと》に憑依させて倭《やまと》の笠縫邑《かさぬいのむら》に祀ったという。このように、政教が分離しながら補完する体制が、その後の政教関係の一つのモデルとなっていく。

第二に、邪馬台国は魏に朝貢し、金印を受けることで、中国の冊封体制に組み込まれていたことが注目される。すでに、後漢の時に倭国は皇帝から金印を受けていたことは、「漢委奴国王《かんのわのなのこくおう》」の金印が北九州から発見されたことで知られる。邪馬台国の後も、五世紀に南朝の宋に倭の五王が朝貢していた。この五王の最後の武は雄略《ゆうりゃく》天皇に比定されるが、稲荷山古墳出土の鉄剣などに記された「ワカタケル大王」と同一と考えられ、この頃、大和朝廷の日本統一が進んでいたことが知られる。しかしその後、日本から中国への朝貢は中断し、次第に中国の冊封体制から離脱するようになる。この後、日本は中国文化の圧倒的な影響を受けながらも、従属しない自立性を保つようになるのである。

大和朝廷による統一国家の形成は、六世紀にはいっそう進み、六世紀末から七世紀初めの推古《すいこ》朝に大きく進展する。推古朝の政策を推進したのが聖徳太子《しょうとくたいし》(厩戸皇子《うまやどのおうじ》)であったというが、太子には後世さまざまな伝説が付与され、実態は必ずしもはっきりしない。ただ、太子の関与がどれだけであったか不明としても、この時代に相当の国力を有していたことは、遣隋使の派遣からも知られる。『隋書』によれば、その国書に「日出ずる処の天子、書を日没する処の天子に致す」とあって、その無礼が煬帝《ようだい》を不快にさせた。それは冊封を求める朝貢ではなく、対等の位置に立とうとするものであった。

十七条憲法に関しては、後世の加筆や創作の可能性もあって、確実に推古朝のものとは言えないが、第一条が『論語』による「和を以て貴と為す」で始まり、礼の秩序によって豪族の統合体を統御しようという方針が示される。それに加えて、第二条の「篤く三宝《さんぽう》を敬え」で、「万国の極宗」である仏法への帰依を示して、文明国の構築を目指している。

律令とその変容

中国文化の圧倒的な影響を受けながらも、その冊封体制に入らない自立性を維持しようとするには、どうすればよいのか。それには、自らが中国と同じような文明国としての体制を整え、同等であることを示す必要がある。皮肉なことに、自立の要求が模倣を促進する。それはあたかも明治の日本がたどった道と似ている。巨大で先進的な文明の受容に基づく制度の整備は、同時に豪族の集合体である大和朝廷の中央集権的な権力を強める。

中央集権的な構造は、七世紀を通じて次第に形成され、とりわけ大化の改新を契機に制度の整備が進められた。大化二年(六四六)の改新の詔《みことのり》(『日本書紀』)は、後の手が加わっていることが明らかになっているが、公地公民に基づく土地制度や戸籍・税制、地域支配のための国郡制度など、律令になっていきなりできたわけでなく、この頃から次第に構想され、整備されたと考えられる。それを基にして、天智《てんじ》朝から天武《てんむ》朝へと進む中で、本格的な律令の編纂が進められるようになった。

律令の明確な形での最初の編纂は、天武によって着手され、持統《じとう》時代に完成された飛鳥浄御原《あすかきよみはら》令《りょう》(六八九)であり、続く大宝律令(七〇一)によって本格的に律と令を完備した法典が完成した。大宝律令は現存せず、それを修訂した養老律令(七五七)がその後の規範となった。そのうち令は三〇篇からなり、その冒頭には、制度の根幹をなす官員の位階や役所の構成を規定する官位令・職員令、その後に神祇令や僧尼令と続いている。さらに、戸令・田令・賦役令などで、戸籍・田地・税制などに踏み込んでいる。

このように、律令は国家のあらゆる問題にわたる完備した法制であるが、しかし、それが現実にどこまで適用できたかというと、いささか机上の空論に過ぎて、現実離れしたところが少なくなかった。そこから現実に合わせるために格式《きゃくしき》によって調整することが行われ、とりわけ『延喜《えんぎ》式《しき》』(九〇五)はその後のさまざまな儀礼の規範とされた。こうして平安中期には実質的には律令による統治は有名無実化した。それは古代から中世への転換の大きなメルクマールとなることである。

それでは、律令はまったく意味を持たなくなったのかというと、そうではない。形式的には律令は近世の終わりまで生き続けた。一つは、国内を分ける単位としての国郡制度であり、もう一つは官位である。官位は名目化したとはいえ、近世の武士もまた、それを得ることが慣例化して、朝廷は官位を与える権限において形式的な優位を保持することになった。皮肉なことに、明治維新は律令の大本に戻って太政官・神祇官の二官制度の復活を旗印にしたが、国郡制度を廃止し、官位を廃止することで、逆に律令制度にとどめを刺すことになった。それによって大伝統が終わり、中伝統の時代となるのである。

神話と歴史

七―八世紀の国家整備において、律令とともに大きな役割を果たしたのが、史書の編纂であった。中国においては、王朝の歴史の執筆は次の王朝の仕事であり、それによって王朝交替の正当性が証されることになる。しかし、日本では王朝交替がないために、史書の編纂は朝廷自らの支配の正統性を証明するために必要であった。史書の編纂は推古朝頃から始められたが、天武朝で本格化し、最終的には『古事記』（七一二序文）と『日本書紀』（七二〇完成）にまとめられた。正史とされるのは『日本書紀』であり、その後『続日本紀《しょくにほんぎ》』（七九七完成）から『日本三代実録』（九〇一完成)まで合計六書が編纂され、六国史《りっこくし》と称される。

『古事記』『日本書紀』の特徴は、冒頭に神代がかなりの分量を取って入れられており、神話プラス歴史という構成になっていることである。神話の内容は、『古事記』『日本書紀』の間で相違するだけでなく、『日本書紀』には「一書に曰く」として数多くの異説が挙げられ、実質的には複数の神話が錯綜して、必ずしもきちんとまとまっているわけではない。しかし、神話がどのような機能を持ったかを考えると、細かい相違は必ずしも重要な意味を持たなかった。天孫降臨と言われるように、アマテラスの孫ニニギが地上に遣わされ、その曽孫のカムヤマトイワレヒコ、即ち神武天皇が即位して、その子孫が代々天皇として続いているということが、皇位の正統性を証明する点で重要なのである。中国では天の命によって皇帝となるのであり、天皇の正統性が神からの連続性に求められるのは、それと大きく異なっている。

天皇という称号の成立については、推古朝に見るか、天武朝に見るかで説が分かれるが、天皇を尊貴な存在として際立たせることは、天武朝とその後の律令や記紀の成立時代にもっとも高揚する。天皇という言葉は道教に由来するが、皇帝への対抗を意識して用いられた。「天」は中国では通常は抽象度の高い概念で、超越的な絶対性を持つが、日本では、「高天原」のように、神々、あるいは神々の住む領域を意味する。これも仏教や道教など、非正統的な中国宗教と共通する。

天武朝からその後へかけて、天皇自身を神とする「現神」「明神」(「あきつかみ」あるいは「あらみかみ」)として権威づけることもなされた。文武《もんむ》天皇の即位宣命《そくいせんみょう》(『続日本紀』)では、「現《あき》つ御神と大八島国知《しら》しめす天皇《すめら》」が、臣下に詔するという形式をとり、その中に、「高天の原に事始めて」今に至るまでの連続性を示し、それを自らの正統性の根拠としている。天皇自身を現神とする思想は、おそらくは一時期に限定されるもので、その後はかなり形式化するが、この宣命の冒頭の言葉はその後もずっと変わらずに用いられた。それが近代の中伝統において、「現人神《あらひとがみ》」として新たな意味を持たされて甦るのである。

2　神々と仏法

神々の秩序

日本の神々はさまざまな由来を持つものが重層するので、その性格を捉えにくい。記紀冒頭の神話は、最終的にまとめられたのは遅れるので、慎重に扱う必要がある。もともとの神はそれぞれ個性を持つわけではなく、禁忌を犯すと怖しい祟りで報復するので、慎んで祀る必要があった。また、動物などにその姿を変えて現われることもあった。ヤマトタケルは白猪となった伊吹山の神に報復され、ついには命を喪うことになった。雄略天皇は、天皇と同じような部隊を率いた葛《かっ》城山《らぎ》の一言主《ひとことぬし》の神に無礼をはたらいて、慌てて伏し拝んで事なきを得た。このように、神威は天皇をも畏れさせるものであった。

記紀冒頭の神話は、個別的には古い要素を持ちながらも、それらを最終的に記紀編纂時に統合したもので、そこにさまざまな異説が織り合わされることになった。最終的な編纂の大きな意図は、諸氏族の祖先神を系統的に秩序づけ、アマテラスの子孫である天皇のもとに従えるというイデオロギー的装置ということにあった。大和朝廷はもともと諸豪族の連合体のトップという性格を持ち、絶対的な権力を保持しているわけではなかった。それゆえ、中国の皇帝に比せられるような強大な権力を示すためには、祖先神の段階で君臣の別を秩序づける必要があった。大化の改新から律令の編纂へと大きな力を発揮した藤原（中臣）氏は、天孫降臨の際に従ったアメノコヤネの子孫とされる。平安初期に編纂された『新撰姓氏録《しんせんしょうじろく》』（八一五）には、一千を超える氏族に関して、それぞれの祖先が、皇別・天神・天孫・地祇・諸蕃（渡来人系）に分けて記されている。

このように、神々の体系はその子孫である氏族の秩序化につながり、その頂点に天皇が位置することになる。しかし、どの氏族も神に由来することになると、その階層は相対的な区別にすぎないものになってしまう。朝廷の支配の安定的な継続のためには、他の氏族と異なる絶対的な優越性がなければならない。天皇は臣下の諸氏族に依存しながらも、差別化され絶対化されなければならないという矛盾の中でバランスを図らなければならず、それがしばしば古代の政変を導くことになった。天皇自身が神という現神説もこうした状勢の中で要請されたものであった。このように、王権の構造はいまだ不安定な要素を残していた。

律令成立期においては、神観念自体がいまだ模索段階であり、神祇令には、季節ごとの祭に関して列挙するのみで、詳しい規定を欠いている。祭の詳細が記述され、確立するのは『延喜式』を待たなければならなかった。

仏教国家の理想

しばしば「神仏」と熟語で用いられ、神と仏は同等のレベルで扱われている。しかし、実際には両者は決して対等なものではなかった。律令の規定でも、神祇令が年中の神の祭を列挙するのに対して、僧尼令は僧尼の犯罪的な行為に対する処罰規定が中心であって、両者はまったく性質を異にしている。神々の儀礼システムがようやく形成されつつある時期に、仏教はすでに中国で巨大な寺院と壮麗な儀礼、そして膨大な仏典に基づく精緻な教学の体系を築いていたのだから、両者を比較することははじめから無理な話であった。

こうして、中国の南北朝期に大きく発展した仏教が、朝鮮半島を経て、複雑な国際情勢の中で日本に伝来することになった。南北朝から隋・唐代は、中国でも例外的に仏教が大きな勢力を持った時代で、朝鮮半島もまた、三国時代から統一新羅《しらぎ》へかけて仏教の全盛時代であった。そのために、本来正統である儒教の儀礼や教学よりも、仏教のほうが最新の文明の中核として受容されることになった。遣唐使が派遣されるようになると、それとともに仏僧が一緒に渡航し、多数の経典や教学、そしてそれに伴うさまざまな最新の文化を請来するようになった。建築・鋳造・暦学・医術などの科学技術も、しばしば仏教と一体となって渡来し、最新の技術をもって建造された壮大な寺院は、まさしく新文明の象徴として人々を威圧した。唐の新知識を持ち帰った仏僧は、玄昉《げんぼう》に代表されるように、第一級の知識人として政治にまで重用されるようになる。

このように、律令体制の確立期は、同時に国家主導の仏教興隆が進められた時期でもあった。仏法はその巨大な力で律令的国家体制をバックアップする役割を期待された。その頂点が聖武《しょうむ》天皇であった。全国に国分寺・国分尼寺を創建し、都には東大寺を創建し、国家繁栄のシンボルとして盧舎那《るしゃな》大仏《だいぶつ》の鋳造を進めた。七四九年、東大寺に赴いた聖武は、完成の近づいた大仏の前で「三宝の奴《やっこ》」として仕えることを誓った。「現神」である天皇が仏の奴となるということは、王権が仏法の下位に位置づけられることである。大仏建立には、朝廷側だけでなく、民間出身の行基《ぎょうき》が積極的に協力し、官民を挙げての国家的大プロジェクトとなった。後に、平安初期に薬師寺の景戒《きょうかい》によって著された『日本霊異記』は、聖武天皇と行基によって築かれた仏教全盛時代を理想の時代と見る歴史観に裏づけられている。氏族の共同体を超えて王権が絶対性を持つには、神々を超える仏法の力が必要とされた。こうして仏教者の政治的な発言力も大きくなり、その流れの中で称徳《しょうとく》天皇による道鏡の重用も生じることになった。王権と仏法の一体化の弊害から、両者を切り分けながら、新しい関係を模索していくことが、次の時代の課題となった。

新たな王法・仏法関係へ

称徳天皇の後、天武天皇の子孫は絶え、天智系の光仁《こうにん》天皇が即位し、その後を渡来人系の母親を持つ桓武《かんむ》天皇が継ぐ。桓武は人心一新を図るために、平城京を離れ、まず長岡京に、続いて平安京に移る。こうして、その後一千年を超える都が定まった。桓武はまた、仏教の政治への影響を排除しようとした。平城京が条里の内外に多くの寺院を擁して、仏教都市の様相を呈していたのに対して、平安京は南端に東寺と西寺を置くのみで、当初はそれ以外の寺院を認めず、純粋な世俗都市を意図していた。

しかし、そのことは仏教が全面的に排除されたことを意味しない。逆に新しい形での仏教が必要とされた。長岡京造営時から藤原種継《たねつぐ》暗殺事件に連座して桓武の弟の早良《さわら》親王が流罪途上で憤死し、その霊の祟りで災厄が続くなど、不穏な情勢であり、その不安を鎮めるためにも、新しい都には新しい仏教の守護が必要とされた。それに最初に対応したのが最澄《さいちょう》であった。最澄が開いた比叡山は、都に近いところに位置しながら深い山で、世俗を離れた清浄な仏の世界を展開するのに格好の地であった。最澄はそこに十二年間籠って修行し、弟子たちにもそのように要求した。

しかし、最澄は世俗からまったく無関係になることを意図したわけではなかった。籠山の後はむしろ積極的に世俗と関わり、世俗の中に仏法の理想を実現することが求められる。独自の大乗戒を主張する『山家学生式《さんげがくしょうしき》』には、「照千一隅、此則ち国宝なり」という有名な文句がある。千里の世界を照らし出し、しかも隅々まで目が行き届いてはじめて国の精神的指導者たる国宝に値するというのである。国宝が中央で指導し、それを諸国の現場で適用していくのが国師《こくし》や国用《こくゆう》と言われる。最澄はこうして理想的な仏教国家の実現を目指したのである。そこで、世俗の側からの仏法による守護と、仏法の側から世俗の中での理想の実現という双方向の要求が合致するところに、新しい王法・仏法関係が築かれる。それは、両者が密接に関連し過ぎた奈良朝の反省から、両者が距離をとりながら、世俗的な王法と、それを超える仏法とが緊張関係に立つ新しい関係の構築であった。

空海《くうかい》の活動は最澄よりもやや遅れるが、壮大な密教の曼荼羅的世界観とそれに基づく儀礼の体系によって、王権の中にいっそう食い込んでいく。都を離れた高野山と、都のうちにある東寺という二つの拠点を使い分け、王権との距離を調整する。そればかりか、宮中に真言院を創建して後七日御修法《ごしちにちのみしほ》を行い、真言密教を王権にとって不可欠のものたらしめた。『秘密曼荼羅十住心論《ひみつまんだらじゅうじゅうしんろん》』の体系からも知られるように、世俗の法は仏法から見れば初歩的な低い次元でしかない。しかし、その総合的な体系の中に包摂されることで、世俗もまた仏法の中に位置を与えられ、秩序を持った相互関係が可能になるのである。
最澄や空海が築いた世俗と仏法の関係は、それぞれが独自の世界を持ちながら、相互にとって必要不可欠という関係を結ぶというものであった。その関係構造は中世を通して、より成熟した形で継承されていくのである。

3　儒学と詩歌

漢学・儒学の受容

律令の法体系を作り、新しい支配の様式を確立するには、指導的な立場に立つ政治家がそれだけの見識を持っていなければならない。推古朝における聖徳太子、天智朝における藤原鎌足、律令確立期における藤原不比等など、それぞれの時期の動向を決めたのはトップの政治家たちの力が大きい。彼らは大陸の動向と自国の情勢に十分に目配りしながら、新しい秩序を形成していった。

しかし、それが現実の場において実現するには、指導者の下にそれだけの能力を持った優秀な官僚がいなければならない。彼らは中国の言語はもちろん、その古典や歴史に通じ、同時に最新の情報をも身に付けて、きちんとした文章で表現することが求められた。中国文明は文字と文書の文化であり、第一章に述べたように、日本がようやくそれに目覚めた頃には、二千年に及ぶ過去の文化の蓄積を持っていた。それを受容し、活用して、中国に一人前の国家として認められるのは、並大抵のことではなかった。

それゆえ、最初は日本にはとてもそれだけの人材はなく、朝鮮半島からの渡来人に依存するところが大きかった。応神《おうじん》天皇の代に百済《くだら》から王仁《わに》が『論語』と『千字文』を伝えたとされ、その後、継体《けいたい》天皇の頃には百済から交代で五経博士が派遣されていたという。仏教伝来が欽明《きんめい》朝の頃とすると、その前後頃には漢籍や儒教も伝わっていたと考えられる。仏教の側だけが注目されるが、仏教と漢学・儒学（儒教）はほぼ並行して受容されたと考えられる。大化の改新の頃までは、渡来人に依存するところが多かったと思われるが、遣唐使の派遣が重ねられる中で、直接唐の文物や書籍も輸入され、また留学して唐の進んだ文化を学ぶ日本人も出てきた。

とりわけ七一七年の遣唐使には、吉備真備《きびのまきび》・玄昉・阿倍仲麻呂らが留学生として同行した。阿倍仲麻呂はそのまま唐に留まって官途に就き、李白などの文人たちとも親しく交わった。真備と玄昉はともに唐で学問に励み、真備は経書・天文暦書など多数の漢籍を、玄昉は一切経を携えて帰国した（七三五）。二人はともに橘諸兄《たちばなのもろえ》政権下で重用され、政治においても力を奮った。

律令においては、学問研究の隆盛が図られ、式部省のもとに大学寮が置かれた。そこには、博士一人、助教二人、さらに音博士・書博士・算博士各二人がついて、四百人の学生を指導した。

学生は音博士が最初に漢文の音読を教え、それから博士や助教の講義を聞くことになる。大学での教育について、学令で詳しく規定されているが、教授される内容は、『周易《しゅうえき》（易《えき》）』『尚書《しょうしょ》』『周《しゅ》礼《らい》』『儀礼《ぎらい》』『礼記《らいき》』『毛詩（詩経《しきょう》）』『春秋左氏伝《しゅんじゅうさしでん》』『孝経』『論語』が挙げられている。儒教で正統的とされる経書が中心で、孔子を祀る釈奠《せきてん》を行うなど、儒教中心であった。なお、地方には国学が置かれ、郡司の子弟の教育を行った。

漢詩・漢文と文人世界

このように、仏教の優勢に押され気味ではあったが、儒教も導入され、それに伴って中国風の文化も盛んとなった。貴族の間でも漢文を読み書きすることが行われるようになった。その際、必ずしも儒教的な政治倫理の面だけでなく、趣味の世界でも漢詩文や音楽を楽しむようになった。中国では、三国時代末の竹林の七賢《しちけん》の頃から、政治の混乱状況を嫌い、山水に遊ぶ隠逸《いんいつ》の思想が流行し、老荘思想や神仙思想が好まれた。天武朝以後、吉野宮への行幸が盛んに行われ、とりわけ持統天皇は吉野を愛したが、その根底には神仙思想の影響があったと考えられている。

漢詩集『懐風藻《かいふうそう》』（七五一）は、編者不明であるが、近江朝以後の六十四人の天皇・皇子・貴族らの漢詩一一六首を収録している。そこに収録された漢詩には、謀反を疑われて自害した大津皇子の「臨終」のような深刻な詩もあるが、多くは宴席での座興や詔命によるもので、深い問題意識は見られない。しかし、類型的な表現ながらも、自然を観賞し楽しむ表現が多く見られ、政治や宗教に還元できない新しい文人的な趣味の世界が開かれている。

この後、平安初期にかけて漢詩文は流行を続け、『凌雲集《りょううんしゅう》』『文華秀麗集《ぶんかしゅうれいしゅう》』『経国集《けいこくしゅう》』の勅撰集が編纂され、石上宅嗣《いそのかみのやかつぐ》、淡海三《おうみのみ》船《ふね》らの文人が活躍した。とりわけ空海は僧でありながらも、もともと大学でも学び、さらに入唐して仏教のみならず、中国の文学や書道など、幅広い文化を学んだ。入唐前の『聾瞽《ろうこ》指帰《しいき》』(三教《さんごう》指帰)は、儒道仏三教の比較という内容とともに、四六《しろく》駢儷体《べんれいたい》という技巧的な文体を駆使した点でも注目される。空海の漢詩文は『性霊集《しょうりょうしゅう》』に収められ、また、中国の詩文理論書を抜粋した『文鏡秘府《ぶんきょうひふ》論《ろん》』もある。さらに書家としても知られ、中国文化導入の最大の指導者であった。

万葉の歌人たち

このように、奈良朝から平安朝初期にかけて漢詩文中心の文化が全盛を誇ったが、その一方で、『万葉集』が編纂され、漢詩に対する和歌の文化も成熟していた。『万葉集』を代表する詩人柿本人麻呂は、天武朝頃から持統朝にかけて宮廷歌人として活躍したが、そこには記紀に通ずる神話と王権の交錯が和歌の形で表現され、神話の生成が生の形で語られる。その典型は、巻二の日並皇子尊《ひなみしのみこのみこと》の挽歌に見られる。日並は、天武と持統の子であった草壁《くさかべ》皇子のことで、天武の皇太子として次の天皇となることを期待されていたが、早逝した。人麻呂の長大な挽歌は、「天地《あめつち》の初めの時の　ひさかたの　天《あめ》の河原に　八百万《やおよろず》　千万神《ちよろずがみ》の　神集ひ」と荘重に歌い出され、神話と混然とする形で天武の統治と草壁への期待、その早逝の歎きが謳われ、殯《もがり》の儀礼と一体化した和歌の呪術性が展開する。そこには知的に構築された漢詩世界と異なる、土着的な儀礼世界の顕現が見られる。ちなみに、「大君は神にし(い)ませば」という現神思想的な表現は、人麻呂はじめ、この時期の和歌に見られるが、天皇のみならず、皇子にも用いているので、天皇一人に対するわけではない。

奈良朝に入ると、一部の知識人は、漢詩よりも和歌に表現を求めるようになった。山上憶良は遣唐使に従って入唐して学んだが、「貧窮問答歌」(巻五)に見られるように、貧窮にあえぐ農民への共感を示すなど、政治世界への批判的な目を持ち続けた。また、大伴旅人は漢詩も作っているが、「酒を讃《ほ》むる歌」(巻三)など、老荘の影響を受けた隠逸への志向を示している。旅人の子の大伴家持は『万葉集』の編者に比せられるが、伝統ある氏族に連なり官僚としても実績を残すとともに、その心情を多数の和歌に託し、公的なものに吸収しきれない文学領域を切り開いた。その精神は『古今和歌集』以後の和歌に継承されることになった。

Ⅱ　定着する思想〔中世〕　10～15世紀

第三章　儀礼化する王権と神仏——摂関・院政期

1　王権と儀礼

王権の重層化

律令制は豪族たちの集合体から発展して、天皇による一元的な支配を原則として打ち立てた。江戸期の国学者によって『古事記』や『万葉集』の再評価が進められ、それが近代に受け継がれて、天皇の権力が確立した律令期が理想視されるようになったが、前近代の長い大伝統の時期においては、必ずしもそうではなかった。理想と考えられたのは、十世紀前半の醍醐《だいご》・村上天皇の時代であり、延喜《えんぎ》・天暦《てんりゃく》の治《ち》と呼ばれた。なぜその時代が理想化されたのであろうか。

北畠親房《きたばたけちかふさ》の『神皇正統記《じんのうしょうとうき》』は、九世紀後半の光孝《こうこう》帝までを「一向上古」として、それ以後と分ける。それは、この時代から天皇の系譜が定まり、藤原氏による摂関体制も安定したからだという。これよりしばらく前、清和《せいわ》帝の時に藤原良房《よしふさ》が臣下で初めて摂政となり（八五八）、光孝の次の宇多《うだ》帝の代に藤原基経《もとつね》が関白となって(八八七)、摂関時代に入る。それまでの政治体制は奈良時代に引き続いて天皇の一元支配の形を取るが、たびたびの謀反や謀略が相次ぎ、必ずしも安定していなかった。桓武の弟で罪に問われて憤死した早良親王の御霊の祟りが災厄を招き、人々を不安に陥れたのはその典型である。

もちろん摂関体制になってもさまざまな権謀術策は続き、菅原道真《すがわらのみちざね》の御霊の跳梁や平将門《たいらのまさかど》・藤原純友《すみとも》の乱のような混乱も起こるが、それでも前代までに較べると安定した時代が続くことになる。それは親房が指摘するように、従来の天皇の一元支配の体制から天皇＋摂関という体制が整ったことが一つの理由であろう。そのことは、中国的な皇帝の一元支配体制から、より現実的な日本の場に即した王権の重層構造への展開の第一歩と言うことができる。それだけでなく、遣唐使の派遣が中止され、文化全体がいわゆる「国風文化」の時代となって、無理に中国の真似をしなくてもよい独自の展開へと向かうことになった。そもそも「天皇」という称号自体が用いられなくなっていく。その体制がずっと続くことになり、武家が進展しても、朝廷側の構造は大きくは変わらないまま持続することになった。そのような展開の中で醍醐・村上期は最初の黄金時代のように考えられて、模範視されることになったのである。

平安後期になると、それに加えて天皇を退位した上皇(院)の権力が増大化する。白河帝は幼少の堀河に譲位して、上皇として実質的な権力を握る(一〇八六)。院政の始まりである。そうなると、従来の天皇＋摂関構造が形式化して、上皇（院）が「治天の君」として最高権力者となる。こうして上皇（院）＋天皇＋摂関の三重構造が形成される。摂関は天皇の母方の祖父が実権を持つのに対して、院は天皇の父であるから、天皇の父系と母系の両方の力がはたらく構造となる。さらに上皇が出家して法皇となると、そこに仏教界の力も関係することになる。その上に、鎌倉期以後になると、武家権力が幕府を作ることで、王権が公家と武家に二分化して、その体制が近世まで続くことになる。それは皇帝のもとに一元的な支配構造をとる中国とはまったく異なった複雑な王権の構造であるが、それらが相互に緊張関係をもって対峙し、牽制することで、かえって安定することになったと言うこともできるであろう。

有職故実の形成

唐制に基づいた律令は、その後の格式によって日本的に大きく改変される。その総まとめともなる『延喜式』が延喜時代に制定され、それが律令自体よりも実際上用いられることになる。それとともにもう一つ重要なのは、この頃から有職故実《ゆうそくこじつ》の重視が始まることである。格式は律令を大きく改変して実情に合わせようとしたのであるが、さらにそれを進め、制度的に明文化されない先例主義が次第に定着していく。そうなると、過去の事例に関する知識が必要になる。その蓄積が有職故実で、その端緒もまた延喜の頃である。宇多帝の『寛平御遺誡《かんぴょうのごゆいかい》』などを受け、醍醐帝の代には藤原時平の弟忠平などが基礎を作ったとされる。この有職故実がこの後ますます体系化され、源 高明《みなもとのたかあきら》の『西宮記《さいきゅうき》』、藤原公任《きんとう》の『北山抄《ほくざんしょう》』、大江匡房《まさふさ》の『江家次第《ごうけしだい》』などの書物にまとめられるようになる。順徳《じゅんとく》天皇の『禁秘抄《きんぴしょう》』は、天皇自身による有職故実書である。さらに、こうした書物にまとめられたものがすべてを尽すわけではなく、細部は伝承として継承された。平安期に貴族の日記が多数書かれるのも、先例の記録を残すという意図からするものであった。天皇を中核とする貴族集団、公家集団は、次第にこのような有職故実の蓄積とその実践を職能とするようになっていった。

これを中国の場合と較べてみると、日本の特徴が明らかになる。中国の場合、儀礼の体系は『周礼』『儀礼』『礼記』にまとめられ、十三経に収められて聖典視されている。第一章で触れたように、孔子に始まる儒家は、このような礼こそ社会秩序の根幹を形作るものと考え、礼に則った社会の実現を目指した。礼が実現しているかどうかが中華の文明と野蛮な四夷とを分ける基準であり、文明の尺度をなしていた。

日本では、このように明文化した礼の規定がなく、それを補うものが有職故実であった。それは聖典の文献研究によって知られるものではなく、天皇を軸とする公家集団が継承し、複雑な体系の細部にまで通じて実践していたのであり、その機能を武家集団は奪取することができなかった。細部にまでわたり精密に組み立てられた儀礼のシステムがまさしく国の秩序を作るのであり、それに従うことではじめて覇権を超えた文明の支配が成り立つのである。近世に至るまで、朝廷と公家集団の実質的な権力は衰退しても、その役割を抹殺することはできなかった。その原型が十世紀前半頃形作られるのであり、それ以前の律令の法規定重視の時代と一線を画することになったのである。

王朝の知識人

平安期には国風文化の隆盛と仏教思想の進展のためにともすれば見逃されがちであるが、漢文の教養は貴族においてもきわめて重視されていた。政治の世界では儒教的な徳治主義の理念が掲げられ、天皇の代替わりには、新しい政策が行われた。『文選《もんぜん》』や『白氏文集《はくしもんじゅう》』が広く読まれ、漢文を書く能力は貴族社会で高く評価された。律令制度下に設けられた大学寮は、平安期に貴族の子弟を受け入れ、その教養の基盤となった。もっとも『源氏物語』で、光源氏がその子夕霧を大学寮に入れたことが奇異とされたように、摂関家や王家のような最高位の貴族ではなく、それに次ぐ家柄の子弟が学んで立身出世の道を求める場であった。大学寮の中では、儒教の経典を学ぶ明経道《みょうぎょうどう》よりも、歴史や文学を学ぶ紀伝道(文章道《もんじょうどう》)が確立すると、そちらの方に人気が集まった。その出身者には、小野篁《おののたかむら》、菅原道真、三善清行《みよしのきよゆき》、紀長谷雄《きのはせお》などがいる。

菅原道真は優れた漢学の才を発揮して多くの漢詩文を遺しているが、政治家としては宇多帝に重用され、藤原氏を抑えて天皇中心の体制を進めようとした。続く醍醐帝が藤原時平を重用したところから、左遷され、憤死した。同じ頃、活躍したのが三善清行であり、地方官としての経歴から地方の疲弊に対する対策を求め、『意見十二箇条』(意見封事十二箇条)を醍醐帝に提出した。この頃までは、このような知識人貴族の積極的な政治への関与が見られたが、平安中期になると、次第にそれが困難となり、慶滋保胤《よししげのやすたね》の『池亭記《ちていき》』に見られるように、世相を歎いて隠遁の志向が強くなる。保胤はその後、浄土教に傾倒して『日本往生極楽記』を著し、出家して寂心と名乗った。その頃から次第に学問も家学として固定化するようになった。その中で、紀伝道の家柄から出た大江匡房は、後三条・白河・堀河の三代に仕え、和歌・漢詩文・有職故実など、多方面に力を発揮した。政治家として活躍し、保元の乱で敗死した藤原頼長も、経学復興を志した大学者であった。

2　祭祀と信仰

神祇祭祀の整備

律令においては、年中行事がひとまず確定したものの、神祇祭祀の規定はいまだ十分に整備されていなかった。それが詳細に示されるのは『延喜式』においてであった。その神名帳《じんみょうちょう》において、神祇官から幣帛を受ける官幣社と国司から幣帛を受ける国幣社を分け、それぞれがまた大社・小社に分けられた。官幣大社が三〇四座、国幣大社が一八八座、官幣小社が四三三座、国幣小社が二二〇七座に上る。これらが式内社とされ、式外社と区別される。また、臨時の名神祭の奉幣《ほうべい》に与る対象社は、『延喜式』臨時祭によると二八五座で、大社の中でも格が上であった。このように神社の格付けがなされ、それぞれの祭も正式に定められた。その後、特に重要とされて奉幣された神社が二十二社に限定されて、中世まで継続されるが、基本的には平安京を中心とした近畿地域の神社であった。こうして、王権と神々との関係が定められることになった。それをもとにして、貴族も寺院とともに神社にも参詣して祈願することが行われるようになった。

これらの神社の由来は、さまざまであった。皇祖神を祀る伊勢、大神《おおみわ》(三輪)・賀茂のように古くからの土地の神を祀る神社、春日・大原野のように藤原氏の氏神として尊崇された神社、北野(天満宮)・祇園(現、八坂神社)のように御霊神系の神社などがある。御霊は災厄をもたらす厄介な神であるが、平安初期の早良親王の霊が最初で、その後、菅原道真の霊が天神と習合することで、広く信仰された。祇園は実在の人物ではなく牛頭天王《ごずてんのう》を祀るが、ないがしろにすると怖しい災厄をもたらす点で、御霊系の神に属する。御霊神は、強力な呪力を持つ仏教の祈禱によって調伏されるので、必然的に仏教と密接に関係する。日吉《ひえ》は、比叡山の守護神として、最後に二十二社に加えられた。他にも稲荷(伏見)・八幡(石清水)などは、仏教と関係が深い。

このように、神仏は平安期に緊密に結びつくようになってきたが、基本的に仏教が上位で、その下に神々が位置づけられた。これは、仏教の強力な祈禱の力とともに、最新の文明によって武装して、神々を圧倒していたからである。神々は背後の仏の力を借りることでその地位を高めることになった。それが中世の本地垂迹説につながり、多くの神社は仏寺の支配下に置かれる体制が近世まで引き続くことになった。ただし、そのことは単純に神仏が「混淆」してごちゃごちゃになってしまうわけではなかった。とりわけ宮中の神事や伊勢の神事は意図的に仏教的な要素を排除して、その純粋性を示すことも行われた。これを神仏隔離と呼ぶ。神仏隔離は明治の神仏分離と異なり、神仏習合を前提として、その中で神祇の固有性を示すものであった。

密教呪法の肥大化

このように、仏教においては密教的な儀礼が大きく注目されることになった。密教は空海が組織的に請来して注目を浴びたため、後れを取った天台宗では円仁《えんにん》・円珍《えんちん》らが入唐して密教を導入し、台密（天台宗の密教）の基礎を作った。それを集大成したのは安然《あんねん》である。安然の活動期は九世紀末から十世紀初めの時代の変わり目に当り、入唐を志しながらも果たせず、期せずして日本的な密教の隆盛に道を開くことになった。安然は教相《きょうそう》（密教理論）面では、あらゆる「多」なるものは「一」なる真如に帰着するという一元論により、世界の多様性を統合しようとした。教判論では「四一教判」(一仏・一時・一処・一教)を立て、すべてを「一」に統合するが、そのことは逆にあらゆる多なるものがそのまま認められることになり(一即多)、それがその後の事相の多様な発展に結びつくことになった。東密(真言宗系の密教)は小野流・広沢流の二流が根本となり、台密は川流・谷流などからさらに分かれていった。また、思想的にはここから後の本覚思想が展開することになった。

摂関期以後の仏教は、国家儀礼的な面よりも貴族の個人的な生活に関わる現世利益的な修法に力を入れるようになった。国家規模の御霊の跳梁はもちろんだが、個人の病気や出産の際の生命の危険も死者の霊などのモノノケが原因と考えられ、そこから祈禱により調伏する呪力が高く評価されることになった。こうした呪力を持った験者は必ずしも貴顕出身の高位の僧とは限らず、出自は問題とされなかった。

呪力の獲得のためには、常人では不可能な苦行が行われ、とりわけ山岳修行が重視された。それは、奈良期の役行者に由来するとされ、役行者が感得した蔵王権現を主尊として、次第に修験道として体系化されていくことになる。また、陰陽道も密教と深い関係にある。もともと中国の陰陽五行思想に基づきながら、暦学・天文学などと結びついた占術や呪術で、平安期に独自の発展を遂げた。伝説的な陰陽師安倍晴明《あべのせいめい》に帰せられる『簠簋内伝《ほきないでん》』は中世の偽書であるが、祇園信仰や風水、宿曜《すくよう》など、陰陽道の諸相が知られる。

信仰と実践

平安中期になると、密教だけでなく、仏教界全体が再び活気づいてくる。そのきっかけとなったのは十世紀後半の良源《りょうげん》による比叡山の復興である。良源の弟子に源信が出て、『往生要集』(九八五)によって浄土信仰を体系化した。同書は六道の苦に対して阿弥陀浄土のすばらしさを称え、浄土往生を勧めるもので、その後の浄土思想の大本として、大きな影響を与えた。浄土信仰はこの後、末法説とともに盛んになった。源信が興した二十五《にじゅうご》三昧会《ざんまいえ》は念仏往生を求める僧の結社で、病中の世話や死後の遺体の始末まで仲間内で行う徹底した実践を特徴とする。このように、この頃から個人の生死に関わる仏教の実践が盛んになる。

この頃までの仏教は僧侶中心で、在家者は受け身であったが、この頃から在家者も積極的に実践に関わるようになった。その先例をなすのが藤原道長である。道長は壮大な法成寺《ほうじょうじ》を建立するとともに、吉野金峰山《きんぶせん》に詣でて自ら書写した経典を埋経《まいきょう》した。埋経は経典を経筒に収めて地に埋め、経塚を作るもので、弥勒菩薩の下生《げしょう》(釈迦の次の仏としてこの世界に出現すること)を待つことを目的とし、この後中世へかけて流行する。五十六億七千万年先の弥勒の下生までは、阿弥陀の浄土で待つことを願い、阿弥陀信仰と弥勒信仰を複合している。道長は法成寺の阿弥陀堂の九品阿弥陀像の前で、五色の糸で弥陀と結ばれ、念仏をしながら亡くなった。この頃から死者法要も盛んになり、供養のために経典の書写などとともに、法華八講がしばしば行われた。これは僧を招いて『法華経』を講義してもらうもので、次第に講説の巧みな僧が人気を得るようになり、後の唱導につながってゆく。また、寺院への参詣や参籠も盛んになり、その風習は貴族だけでなく、庶民にも広がった。

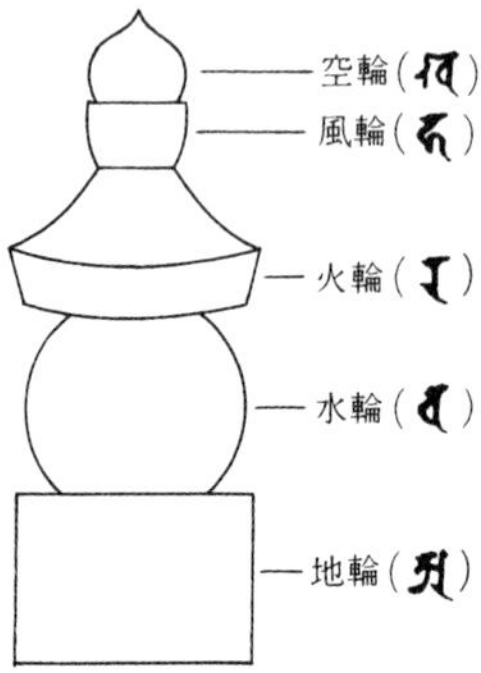

図6　五輪塔

　真言宗の高野山もまた、平安中期頃から弘法大師信仰が盛んになって、信仰が復活し、併せて学問も研鑽されるようになった。十二世紀前半に覚鑁《かくばん》が現われ、高野山の改革を企てるが、衆徒に追われて根来《ねごろ》に下った。覚鑁は五輪説を立てて、空海以来の即身成仏説を発展させた。五輪説は、地・水・火・風・空の五大（万物を構成する五つの要素）を、身体の五臓（肝臓・肺臓・心臓・腎臓・脾臓）、仏を表わす梵字（a, va, ra, ha, kha）、世界の方位（東・西・南・北・中央）などと対応づけて、それを五輪塔（方形・円形・三角形・半円形・宝珠形）によって表わすものである。それを自己の身体において観想することで、即身成仏が成就するとされる。五輪塔は覚鑁以前から造立されていたが、覚鑁による理論づけもあって広く死者供養の塔として一般化するようになった。覚鑁は、現世で即身成仏が実現しない場合、来世に実現することを求め、そこから浄土教をも摂取することになった。このように、覚鑁の理論はそれまでの仏教の実践を総合するものであり、その後、その実践法が解体していくところに、中世のさまざまな実践仏教が展開することになる。

3　王朝の思想と文学

歴史から和歌・物語へ

第二章にも触れたように、中国では、王朝が変わると、新しい王朝は国家事業として前の王朝の正式な歴史を編纂することが慣例となっていた。それによって、『史記』『漢書』から『明史』まで、二十四史が正史として公認されている。前代の歴史を確定することは、同時に新しい王朝の正統性を証明することでもあった。日本でもそれに倣って『日本書紀』『続日本紀』などの歴史書の編纂が始まったが、王朝の交替がないので、前の王朝の歴史を確定する必要性はない。その後『日本後紀』『続日本後紀』『日本文徳天皇実録』と続いたが、『日本三代実録』(九〇一)で勅撰の歴史書は終わっている。いわゆる六国史である。それより一足早く、『経国集』(八二七)によって、勅撰の漢詩集も終わっていた。

それでは、それに代わる勅撰の書物は何かというと、それが『古今和歌集』(九〇五)に始まる和歌集であり、その後『新続《しんしょく》古今和歌集』(一四三九)に至るまで二十一代集が延々と編纂され続ける。歴史から和歌へという転換は、一見奇妙に見える。それは何を意味するのであろうか。紀貫之らの編纂になる『古今集』は、春夏秋冬の季節の歌を最初に置き、その後、賀歌・離別歌・羇旅《きりょ》歌・物名と続き、その後に恋歌が五巻分を占めている。四季の歌を最初に置くという構成は、その後も踏襲される。歴史として流れ去るのではなく、四季として循環する時間が基準となる。帝の支配は転変するものではなく、常に新たにされた生命の繰り返しであり、和歌集はその永続を寿ぎ祝福するものである。恋はその生命力を裏づける。それは男だけの政治の世界から男女が関わる私的世界に場を広げる。こうして、和歌は「天地の開け始まりける時より」続くもので、「天地を動かす」(『古今集』仮名序)宇宙的な力を持つ。

こうした和歌文化の隆盛と関わりながら、仮名による物語が作られていく。それらは私的な娯楽作品ではあるが、王権と密接に関係する。初期の物語の一つ『伊勢物語』は、王族の血を引く主人公(在原業平)が帝の妻や伊勢の斎宮と禁忌を犯して交わる色好みの歌物語である。禁忌を犯して放浪する主人公の設定は、アウトロー世界をも包摂する王権の賛美である。その設定が、物語文学の頂点をなす『源氏物語』にも引き継がれる。しかし、そこではもはや王権はそれほど強力ではなく、もう一つの極として仏法が強い牽引力を発揮する。主人公たちは、世俗とそれを超えた世界に引き裂かれる。それでも光源氏では二つの世界は危ういバランスが取れていたのが、宇治十帖に至るとそのバランスが崩れ、物語は一気に仏法の側に引き寄せられていく。それはそのまま時代の雰囲気の反映であった。

言語・文字・学問

このように和歌から物語へという展開が可能となったのは、仮名文字の発明が大きい。もともと文字を持たなかった日本では、言葉を表記するのに中国から輸入した漢字を用いなければならなかった。日本語の和歌の表記には、『万葉集』などでは漢字の音を借用した万葉仮名が用いられたが、やがて草書体で続け書き(連綿)する中で、次第に通常の草書体よりもさらに崩した字体が用いられるようになり、それが平仮名となった。それゆえ、平仮名は和歌や和文の物語で用いられて連綿するのが原則で、ジェンダー的には女性が多用することになった。

他方、輸入した漢文を読むための工夫も重ねられた。日本語と中国語(漢文)ではまったく語彙も文法も異なっているが、漢字は表意文字であり、読めなくても意味が分かるという点で便利であった。しかも、中国語は孤立語であり、語順や多少の助字(補助的な文字)が分かれば、文章全体の大まかな意味も理解できた。そこで、漢字に近い意味の日本語を宛て、さらに読む語順を変えた上、助詞などを加えて、日本語のように読む漢文訓読という読み方が工夫された。外国語が翻訳の労力を要せずに、そのまま日本語として読めるという不思議な方法で、中国文化を導入する上できわめて大きな役割を果たした。

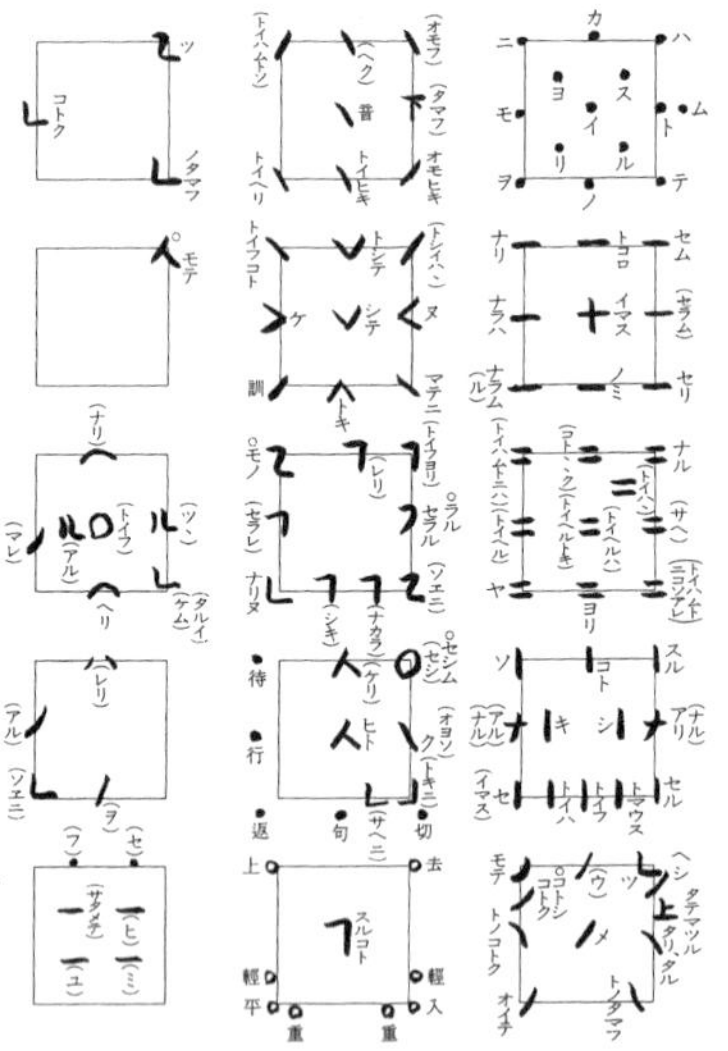

図7　ヲコト点の一例(喜多院点)

その際、そのような読み方を示すために、原文の漢字の決まった位置にヲコト点という点を打って、テニヲハを示す工夫がなされた。ヲコト点は、博士家や仏教の寺院ごとにそれぞれ方法が異なっていて、それによって読み方が流派によって分かれることになった。そのうちに、読みを表わすのに漢字の部首や旁《つくり》の一部を使って、それを漢字の下に小さく記す送り仮名が用いられるようになった。それが片仮名に進展する。従って、片仮名は漢文脈において多用される。

漢文の訓読の過程で、日本語を言語学的に反省する試みも進められた。五十音図は、仏僧によって梵語研究が進められる中で、梵語の音韻表をもとに作成されたものである。また、古辞書と言われる漢字辞典が編纂された。『篆隷万象名義《てんれいばんしょうめいぎ》』(空海)、『新撰字鏡《じきょう》』(昌住《しょうじゅう》)、『和名類聚抄《わみょうるいじゅうしょう》』(源順《したごう》)、『類聚名義抄《るいじゅみょうぎしょう》』などが知られ、その中には和訓を記したものもあって、漢和辞典の役割を果たした。こうした漢文の習得の上に立って、中国の多くの文献の読解、研究が進められた。儒教の聖典や仏教経典の他、膨大な中国の医学書から抜粋した丹波康頼《たんばのやすより》の『医心方《いしんぽう》』など、実践的な学問も大きく進展した。日本庭園の基礎となる『作庭記』も平安期の作である。

末法・辺土観と三国史観

平安初期以来、勅撰の歴史書の編纂はなくなったが、歴史意識はやや異なる方向から進展した。それは仏教によるもので、歴史観が地理観と結びついている。仏教はインド（天竺《てんじく》）に発するものであるから、他の文化が中国発であるのに較べて、さらに中心が遠くにある。仏教では世界の中心に須弥山《しゅみせん》があるという須弥山世界説を立てる。その南方の海にある南閻浮提《なんえんぶだい》が人間の住む世界であるが、それはインドをイメージしている。中国（震旦《しんたん》）はその東側の隅にあるとされるが、日本はさらにその東側の大海の中のたくさんの小島の国（粟散国《ぞくさんこく》）の一つに過ぎない。それゆえ、文明の中心である天竺からははるかに隔たった辺土でしかないことになる。

そこに末法説が重なる。末法は、釈迦仏が教えを説いた時代から、正法・像法・末法と次第に教えが正しく伝わらなくなり、世が乱れてくるという衰退史観である。これは仏滅をいつと定めるか、正法・像法の持続する年数をどう見るかによって変わってくる。諸説が行われていたが、次第に仏滅を紀元前九四九年として、正法千年、像法千年、末法万年説が定着する。それによると、一〇五二年が末法元年になる。このように、日本における末法説は辺土説と重なることで、より深刻度を増す。しかし、末法・辺土観は、同時に真剣な仏法の実践への志向を強めるものでもあり、必ずしも頽廃的な風潮に陥ったわけではない。

仏教を中心に見る歴史・地理観は、天竺・震旦・本朝とつなげる三国史観を生むことになった。十二世紀前半に成立した『今昔物語集』は、天竺部・震旦部・本朝部に分けて仏法・世俗の数多くの説話を集成している。そこでは必ずしも強い歴史意識に基づくとは言えないが、釈迦仏の一代記から始めて、仏法伝達の歴史が基軸をなしている。三国史観はその後鎌倉期にかけて定着し、凝然《ぎょうねん》の『三国仏法伝通《でんづう》縁起』などで最終的な形態を完成することになる。『今昔物語』は、このように仏法を基軸としながらも、必ずしも仏教信仰にのめり込むものではなく、ある距離を取って冷静に見ているところに特徴がある。愛宕の山の聖人に夜ごと普賢菩薩が現われるのを、漁師が野猪の仕業と見破った話(第二十巻十三話)のような批判的な視点に、新しい時代への息吹が見られる。

第四章　王権と神仏の新秩序――鎌倉期

1　重層化する王権

王権の二元化

摂関と院政は天皇(帝)と分立した政権というわけではない。確かに院政期には院が「治天の君」となり、院庁下文《いんのちょうくだしぶみ》や院宣《いんぜん》が国権の最高の意思表示とされるが、院は天皇の父であり、王権が分裂したわけではなかった。それが、武家政権になると、天皇を中心とした朝廷と対抗するもう一つの王権の核ができることになる。過渡期となる平氏政権にあっては朝廷から独立した王権となることはできず、都落ちの際も安徳天皇を擁することで自己正当化を図った。源氏もまた後白河の命を受けることで平氏追討を合法化した。しかし、そのことが王権を混乱させ、安徳が在位しているのに後白河は後鳥羽を即位させ、同時に二人の天皇がいる事態に陥った。しかも、安徳の入水によって三種の神器のうちの宝剣が水没したために、王権の正当性をどう意味づけるかという大きな問題が残った。

源頼朝は平氏政権と異なり、拠点を東国の鎌倉に定めてそこから動かず、兵を派遣して平氏を滅ぼした。全国に守護・地頭を配置して支配権を確立するとともに、征夷大将軍に任じられて、政権の基礎を固めた。そのため、自ら支配権を確立した東国と、もともと平氏の支配下だった西国の間には権力の浸透に差があり、西国においては依然として朝廷の勢力が強かった。ただ、これまでの京の一元的な王権構造が、京と鎌倉に二元化し、相互に牽制しあう構造になったことは、この後の日本の王権構造を基本的に決めることになった。

朝廷側の強みは何よりも王朝時代に積み上げた高度な文化と秩序であり、武家にはそれが欠けていた。戦時には強い力を発揮しても、平和な時代を支配する知恵は、朝廷がはるかに豊かな蓄積を持っていた。そこで幕府としては、朝廷の文化を受容し、有職故実によって作り上げてきた秩序に学びながら、独自の秩序と文化を作っていかなければならなかった。実朝の横死によって源氏が途絶えた時、幕府は摂関家の藤原頼経を将軍に迎え、第六代の宗尊《むねたか》親王以後は皇族の将軍が続いた。その間、承久《じょうきゅう》の乱（一二二一）によって、幕府側は朝廷側を打ち破り、後鳥羽上皇らを流罪にするという実力を見せつけたが、それでも朝廷をなくすことはしなかった。

朝廷が上皇－天皇（帝）－摂関という重層的な構造を持ち、天皇の実権が失われるのと同じように、公家将軍を迎えた幕府もまた、形式化した将軍の下に北条得宗家を中核とする執権が実権を持つ重層構造を作ることで、安定した支配構造を確立した。こうして、二元的な王権がそれぞれまた重層的な構造を持つという複雑な王権構造ができ上がった（一〇頁図2参照）。

神仏と共なる歴史

院政期になって、仏教的な三国史観と別に、四鏡（『大鏡』『今鏡』『水鏡』『増鏡』）の最初の『大鏡』が編纂され、再び歴史への関心が生まれるようになった。歴史の転換点には、自己の立ち位置を歴史の中に見定める必要が出てくる。この点で、もっとも自覚的に歴史を捉え直し、その再構築を図ったのは慈円《じえん》であった。摂関家の出身で天台座主に上り詰めた慈円は、治承・寿永の内乱から承久の乱に至るまでの転変を、朝廷と摂関家、そして王法と仏法というすべてに関わりながら、冷静にその行方を見定めることができた知識人であった。その著書『愚管抄《ぐかんしょう》』は、承久の乱前後の危機の中で、王権のあるべき姿を問い直した緊迫感に満ちた歴史書である。

『愚管抄』というと、歴史の筋道を「道理」によって説明した合理的な歴史書のように思われがちだが、そう単純には言えない。慈円の歴史観の根底には、仏教に由来する四劫《しこう》説がある。これは、宇宙が成劫《じょうこう》・住劫《じゅうこう》・壊劫《えこう》・空劫《くうこう》のサイクルを繰り返すというもので、今は住劫である。そのごく一部分として、今の日本では百王が継起して、第八十四代まで来ているという。歴史を作るのは人間だけでなく、そこには姿の見えない「冥」の神仏、とりわけ神々の意向が反映する。

道理はメカニカルな法則ではなく、神仏をも含めたさまざまなレベルで歴史が動くダイナミックな動勢であり、それを的確に捉えて対応していくことが要請される。武士が力を持つようになったのは、それなりに道理のあることだから、それを受け入れ、仏法も王法も一体となり、朝廷と摂関家が力を合わせることで、百王の限界も乗り越えることができるという。

百王説は、もともと『野馬台詩《やばたいし》』という予言書に見えるものであるが、これは吉備真備が唐の皇帝から解読を迫られたという難解な詩で、真備は長谷観音の遣わした蜘蛛の導きで読み解くことができたという。この詩は未来の戦乱の世を予言するもので、八世紀にはすでに知られていた。中世にはこのようなさまざまな予言が未来記として流布し、また神仏の託宣がしばしば人々を動かす大きな力となった。『比良山古人霊託《ひらさんこじんれいたく》』は、僧慶政《けいせい》が女性に憑いた比良山の天狗と交した問答を記したもので、予言や人々の来世の運命が述べられている。このように、当時の観念では、歴史は人間だけでは解決しきれないものとして、神仏や、場合によっては天狗のような異類までもが関わっていると考えられた。『平家物語』でも、平家の繁栄は厳島《いつくしま》や熊野の加護によるもので、神々から見放されて滅亡したとされている。死者の怨霊もまた無視できず、とりわけ滅亡した平家の怨霊は畏れられ、慰撫が必要と考えられた。中世の歴史は、このような「冥」の者たちとの関わりの中で考えられていた。

東アジア世界の変容と神国意識

遣唐使が派遣されなくなってから、中国との間に国家間の正式の使節の派遣はなくなった。唐は九〇七年に滅び、その後、五代十国を経て、九六〇年に宋(北宋)が建国された。宋はひとまず中国の中原を制圧したが、北方の広大な領域は契丹《きったん》(遼)が支配した。朝鮮半島は新羅に替わって高麗王朝によって統一されるが、契丹の支配下に入った。十二世紀前半には契丹に替わって、女真族の金が勢力を持ち、やがて宋は追われて江南に逃れた(南宋、一一二七)。唐は大規模な貿易で国際性豊かな文化を誇ったが、宋になると異民族との軋轢が大きくなり、漢民族中心の国家を目指した。思想的には、唐代の仏教隆盛から儒教中心に替わり、科挙による官僚登用の制度が確立して、その中で南宋の朱熹(朱子)の解釈が正統と認められるようになった。

日本は宋や高麗との間に国家間の交流はなかったが、民間の交流はきわめて盛んに行われた。なかでも平清盛は積極的に貿易を推進して、宋や高麗の新しい文化を摂取した。重源《ちょうげん》・栄西《えいさい》・俊《しゅん》芿《じょう》らは入宋して新しい仏教をもたらし、禅僧の蘭渓道隆《らんけいどうりゅう》も来日して、幕府に重用された。しかし、宋で主流となった儒教の導入はあくまでも仏教に付随するものとして扱われ、仏教中心の体制が続くことになった。

その間、中国北方ではモンゴル族が勢力を持つようになり、チンギス・ハンに率いられて十三世紀半ばまでに中央アジア一帯を占拠し、孫のフビライは南宋を滅ぼして中国を統一した(一二七九)。その後東南アジアなど周縁地域にも遠征軍を派遣したが、必ずしも成功しなかった。日本にも高麗軍とともに二回遠征したが、強風に被害を受けて撤退した(一二七四、一二八一)。小さな島国である日本にとって、強大なモンゴル軍の来襲は存亡の危機であり、幕府を中心に北九州の防備を固めるとともに、朝廷も幕府も盛んに神仏への祈禱を行った。日蓮は『立正安国論』(一二六〇)で、王権が正しい仏法に従わないと、他国の侵略などの災厄を招くと主張していたが、その予言の正しさが証明されたと考え、幕府に対して諫暁《かんぎょう》を行った。

結果的にモンゴル軍が撤退したことは喜ばしい結果であったが、そのために幕府は疲弊し、衰退することになった。思想的には、神の加護によって日本が危機を逃れたという信念から、神国思想が進展した。神国思想は、もともとは日本は仏の教化が及ばない辺土であるから、仏が神となって垂迹して教化するという日本辺土観に基づいているが、それが逆に、日本が神によって守られた特別の国だという日本優越論に転換することになった。

2　神仏の新秩序

仏教再興運動

かつての鎌倉新仏教中心論が今日では成り立たないことは明らかになっているが、院政・鎌倉期に新しい形態の仏教が大きなエネルギーをもって進展したことは間違いない。その大きなきっかけとなったのは、一一八〇年に平重衡《しげひら》の焼討によって、南都の大寺院がすべて灰燼と帰したことである。そのことが逆にその後の復興の機運を盛り上げることになった。翌年には後白河のもとで藤原行隆が造東大寺長官となり、重源が東大寺大勧進職に任じられて、勧進活動が始まった。その活動は、法皇・将軍から各地の豪族などにまでわたり、地域的にも東北の平泉から九州にまで及んだ。いわば官民一体の大運動であり、仏教が日本国中の庶民にまで浸透していくのは、この重源の活動が大きなきっかけとなっている。栄西や法然《ほうねん》も、重源のネットワークと関わっている。

それゆえ、従来のように、新仏教と旧仏教が対立していたという理解は必ずしも適切ではなく、仏教界全体を巻き込んだ復興運動が新しい仏教の機運を起こしたと見るべきであろう。鴨長明《かものちょうめい》の『方丈記』(一二一二)によると、一一八一年の大飢饉の際、仁和寺《にんなじ》の隆暁法印《りゅうぎょうほういん》が、京都中の四万人を超える死者の額に阿字を書いて回ったという。貴族出身の僧位を持つ官僧が庶民の死者に関わるというところに、この時代の貴賤を超えた仏教界の活動の一端が知られる。このような時代の中で展開された重源の活動は、確かに従来なかったもので、その点で新仏教と呼ぶことができる。しかし、勧進のためのネットワークであって、必ずしも同一の信仰によって結ばれているわけではなく、持続していく教団を形成したわけではない。

法然の教団になると、同一の信仰による共同体的な性格が強くなるが、閉じた集団ではなく、他宗との兼学・兼修が積極的に行われた。少年時から法然に随従した証空《しょうくう》は、師の勧めで後になってから天台を学んでいる。法然の浄土宗にしても、栄西の禅宗にしても、排他的、閉鎖的な宗派を作る意図ではなく、顕密八宗と同格に認められることを求めるものであり、兼修可能なものであった。その後、十三世紀後半の叡尊《えいそん》の律宗教団になるとかなり宗派性を持つようになるが、それでも排他性や閉鎖性は持たなかった。

実践的仏教思想

鎌倉新仏教中心論に代わって黒田俊雄によって提示された顕密体制論は、大寺院が公家や武家とともに大きな所領を持ち、権門の一角をなしていたことを指摘する政治・経済史的視点に立つものであるが、同時に顕教（密教以外の仏教）と密教を併せた顕密仏教の重要性を説く点で、思想史的にも重要な問題を提起した。黒田はとりわけ密教の重要性を指摘し、新仏教中心論が密教に否定的だった見方を転換した。

平安中期には、仏教は国家レベルから個人レベルの信仰や実践に転換するが、その方向をさらに進め、その後の基礎を作ったのが、十二世紀前半の密教思想家覚鑁であり、その五輪思想は前章に述べた。密教の実践では、行者の身・語・意のはたらきが瞑想の中で仏の身・語・意の三密と合致すること（三密加持）によって即身成仏が実現するとされた。しかし、それは決して容易なことではない。そこで覚鑁は、三密が不可能であれば、一密だけでもよいとしている。ここから、一向専修《いっこうせんじゅ》の可能性が生まれる。語密だけを徹底するところに念仏が独立し、身密に専念するところに禅が展開すると見ることができる。このように見れば、密教がその後の新しい実践仏教の源流になっていると考えられる。

もちろん、そのことはそれらの実践が密教の枠内に留まるということではない。念仏を独立させ、浄土宗の立場を打ち立てた法然は、『選択本願念仏集《せんちゃくほんがんねんぶつしゅう》』で独自の念仏の理論づけを行っている。院政期の念仏理論では、阿弥陀仏の名号（名前）に天台の空・仮・中のような仏教の根本真理が含まれているので、その名を称えることに功徳があるという説が広く行われていた。それに対して法然は、念仏が優れた行（勝行）であるのは、阿弥陀仏が自分がなした善行の結果を名号に籠めたからだと説明した。それまでの理論が念仏自体の功徳と見ていたのに対して、阿弥陀仏と行者の関係を結ぶものとして念仏を位置づけ直したのである。このように、当時の仏教者は従来の教学に捉われない新しい説を提出して、自らの生き方や体験に基づいて仏教を理論化することに努めた。親鸞《しんらん》の『教行信証《きょうぎょうしんしょう》』や道元の『正法眼蔵《しょうぼうげんぞう》』も、そのような流れの中に位置づけられる。法然を批判しながら、独自の行法を工夫した華厳の明恵《みょうえ》のような思想家も現われた。

密教思想は本覚思想と結びつき、現世的な欲望や生活にも正当な位置づけを与えようという思想が形成された。院政期以来、身体をそのまま密教の理想世界である曼荼羅に見立てた五蔵（臟）曼荼羅思想が発展し、覚鑁の五輪思想もその流れに位置づけられるが、さらにそこから発展したものとして、胎内五位説がある。これは、男女の性的交渉から始まり、胎児が成育する過程を五段階に分け、胎児が母胎で修行を積み、現世への誕生を成仏と見るものである。このような理論は、仏教内ではやがて立川流として異端視されるようになるが、山岳修行を死と再生として意味づける修験道などに形を変えて生き残ることになった。

神々の自覚

近世に至るまで、神社は仏寺の管理下に置かれることが一般的で、神社自体が仏寺の形式をとる場合も多かった。例えば、鎌倉の鶴岡八幡宮は源氏の氏神として尊崇され、都市鎌倉の中核をなしていたが、そのトップである別当は多く園城寺系の僧侶であり、八幡宮寺として寺院の機能を果たしていた。実朝を暗殺した公暁もその別当であった。中世の神仏習合は天台系の山王神道《さんのうしんとう》と真言系の両部《りょうぶ》神道に分けられることもあるが、実際にはもっと多様な動向があり、そのように単純に分類できるわけではない。本地垂迹説はもともと天台の本迹の概念に由来するが、同時に密教的な要素を強く持っている。主要な神社には参詣曼荼羅が描かれたが、そこに神像とともに本地仏を描き込むことがしばしば行われた。その点で本地垂迹説がもとになっているが、境内全体を密教的に曼荼羅として聖化することで神の権威を高めることになった。本覚思想的に理解すれば、はるか彼方に離れている仏よりも、垂迹として身近に表われた神の姿にこそ本当の仏のはたらきが示されることになる。こうして神の地位は次第に向上することになり、仏教者にとっても無視できないようになってくる。重源・叡尊らは伊勢に参詣し、それによって自らの活動を神の加護を受けたものとして正当化した。

神の地位の向上は、モンゴル来襲後の鎌倉後期になるといっそう顕著になり、それが後醍醐親政から南北朝期に理論的に大成することになる。ここでは、鎌倉末期の天台系の『渓嵐拾葉《けいらんしゅうよう》集《しゅう》』を取り上げてみたい。『渓嵐拾葉集』は叡山の光宗によってまとめられた百巻を超える大著で、顕・密・戒などを総合した百科全書であるが、その中核に神仏の問題が置かれている。同書は叡山の守り神である日吉社の山王神を中心としながらも、それを超えて伊勢・三輪などと連携しながら日本の神のあり方を探求している。そこでは、「大日本国」を「大日の本国」と読んで、日本こそ根本だという日本中心主義を明らかにして、そこから逆に、イ

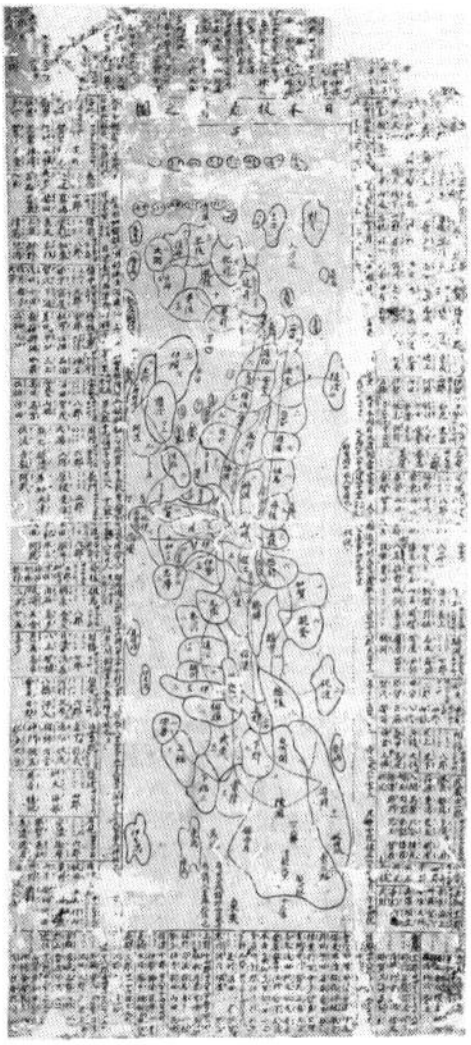

図8　14世紀の行基図
『日本扶桑国之図』

ンドは応身の釈迦の垂迹した地だとして、本地垂迹説を逆転させた反本地垂迹説を提起している。そこには、日本地図を密教法具の独鈷《とっこ》に見立てて聖化する説も見られる。このような地図は行基が考案したとされ、行基図の名で中世に広く行われた。こうして、鎌倉末期には次第に日本中心主義が確立して、次の時代へと展開することになるのである。

3　貴族・武士・隠者

狂言綺語と有心

『古今和歌集』以来の和歌の伝統は、院政期に至って新たな局面に入る。当時、和歌を家業としていたのは六条藤家《とうけ》と御子左家《みこひだりけ》であるが、後者から藤原俊成が出て宮廷歌壇の中心となり、後白河院の命で『千載和歌集』(一一八八)を撰上した。俊成の歌論『古来風体抄《こらいふうたいしょう》』で大きく取り上げられたのは、狂言綺語《きょうげんきぎょ》の問題であった。仏教から見れば、詩歌や物語などは仏道を妨げる煩悩の営みでしかなく、否定されてしまうが、それも仏道に入る手掛かりとしてならば認められるという議論である。当時、慈円・西行をはじめ、僧侶歌人も多かった中で、文学に仏教的な意味を与える理論が不可欠であった。また、紫式部堕地獄説などが行われる中で、『源氏物語』などの古典を仏教的な否定論から救うためにも重要な意味を持っていた。このような文学と仏教という問題提起の周辺には、安居院《あぐい》の澄憲《ちょうけん》などの唱導家の活躍があった。彼らは説法の名手として文学的な表現を駆使し、貴族の仏事で人気を博した。なお、十三世紀後半には、和歌が密教の陀羅尼《だらに》に通ずるという和歌陀羅尼説が唱えられるようになり、和歌は仏教的にさらに積極的に意味づけられるようになった。

中世初期の和歌は、後鳥羽院時代に頂点に達する。後鳥羽自身が和歌に執念を燃やして、俊成の子の定家をはじめとする優秀な歌人を集め、『新古今和歌集』(一二〇五)を撰述させた。中でも定家は技巧を凝らした濃密な美的世界を築き上げた。定家はその歌論『毎月抄《まいげつしょう》』において、「有《う》心《しん》」をもっとも高く評価している。「有心」がどのようなものか、そこでは定義が与えられていないが、深く心が籠められた歌ということであろう。「心を本《もと》として、詞《ことば》を取捨せよ」と言われるように、心を優先するものである。同書で定家は「幽玄」などを「有心」より下に見ているが、後には中世の文学理念として、『正徹《しょうてつ》物語』などで重視されるようになった。

定家は日記『明月記』の著者でもあるが、さらに『源氏物語』などを書写し、その定本を定めたことも重要である。定家にとって和歌は単にその場で作られるものではなく、過去の文学の歴史を踏まえていることが必要である。そこに本歌取りのような技法が生まれる。そのためには、『古今集』などの和歌集とともに、『源氏物語』などの古典の知識が不可欠となる。中世の理想は古代の『古事記』や『万葉集』ではなく、平安の王朝文学の全盛期に求められることになった。

それが、近世の国学者による古代発見まで続くことになった。

武士の生きざま

貴族社会が有職故実の積み重ねの中に、高度な文化の蓄積を誇ってきたのに対して、武士は戦闘においてその力量が結果としてはっきり出るので、まさしく実力勝負であった。しかし、だからと言って、何でも暴力で決する粗暴な所業が認められるわけではなかった。戦闘には戦闘のモラルがある。それをもっともよく示しているのは、『平家物語』である。そこでは、都の公家の文化に馴染みながらも、武士としての矜持を持って敗者の運命を受け入れていく平家の武将たちに共感を惜しまない。他方、勝者である源氏の武士も、礼節ある態度と深い情味が必要とされる。『平家物語』はまさしくこのような武士の理想的な姿を描き出す。

図 9　敦盛の最期（御伽草子『小敦盛』より）

例えば、敦盛《あつもり》最期の段はよく知られている。一ノ谷で逃げようとした十七歳の平敦盛は、熊谷《くまがい》直実《なおざね》に呼び戻されて組み敷かれる。首を落とそうとして熊谷は、我が子小次郎と同じ年頃の敦盛に哀れを催し、逃そうとするが、敦盛は首を討たせる。「あはれ、弓矢とる身ほど口惜《くちおし》かりけるものはなし。武芸の家に生れずは、何とてかゝるうき目をばみるべき」という熊谷の歎きは、聴衆の深い感動を呼んだであろう。実際、この話は能・幸若舞・文楽・歌舞伎などに脚色されて、後世まで親しまれた。

　戦時は武士がもっとも本領を発揮できる時であるが、平時となると、戦場での潔さだけでは通用しなくなる。一つは所領をめぐる争いがある。所領を守り、次の世代にうまく相続していくようにするには、戦時と違う力量がいる。それからまた、将軍や執権への忠誠が問われる。謀反の疑いでも抱かれたらたちまちに一族もろとも滅ぼされてしまう。その中で、巧みに生きていくことは容易でない。実際、熊谷直実は所領をめぐる争いに巻き込まれて出家し、蓮生《れんしょう》と名乗って法然の門下に加わったが、武士の剛直さそのままの一途の信仰はさまざまな逸話を遺した。宇都宮頼綱はやはり武士であったが、謀反の疑いをかけられて出家して、法然・証空の門に入った（同じく蓮生と名乗る）。

　北条泰時によって制定された『御成敗式目』（貞永式目、一二三二）は、このような時代状況の中で、御家人たちの争いを治め、幕府に逆心を起させないように統御する法規制である。式目の「起請」によれば、その基準となるものは「道理」と言われている。その「道理」は、『愚管抄』のように不可知の神仏まで関わるようなものではなく、あくまでも世俗のレベルでのあるべき理法である。そこでは、評定に際して、「理非においては親疎あるべからず、好悪あるべからず。ただ道理の推《お》すところ」に従うべきだとされていて、その公正さの根拠が「道理」に置かれている。それは、法や倫理の根拠を神仏と異なる理法に求める点で、後世の儒教の受容などにつながるものと見ることができる。

自由なる精神を求めて

鴨長明の『方丈記』は、「ゆく川の流れは絶えずして、しかももとの水にあらず」という冒頭の文句でよく知られている。本文の前半では、相次ぐ災害や遷都による都の荒廃を描き、後半では出家して日野に隠棲した生活の喜びを綴る。最後のところで、世を逃れて山林に交わるのは、修行のためではないかと自問し、それなのに草庵の生活を楽しみ、それに執着するのは、姿は聖人にて心は濁りに染みているのではないかと反省している。だからと言って、思い返し修行に励もうとするわけではない。そこには、出家してひたすらに仏道修行に向かうのではなく、世俗の束縛を離脱したところで精神の自由を確保し、その生活を楽しもうという新しい生き方が示されている。いわゆる隠者文学として分類されるものである。ある程度の経済力があれば、既成の制度の枠の外で生きる自由人的な生き方が可能となってきたということである。その代表として、『方丈記』と兼好の『徒然草』が挙げられる。もっとも『徒然草』が評価されるようになるのは近世になってからであり、一括りで理解してよいかどうか、なお検討を要する。

後世、隠者的な自由人の代表としてさまざまな逸話が語られるようになるのは西行である。しかし、西行は重源と同じく大峰で修行した荒法師であり、勧進僧でもあって、のどかに徒然をもてあそんでいたわけではない。西行はもちろん、長明も兼好も当時は歌人として知られていて、貴族たちの和歌サークルに出入りしていた。歌人であることは、官位とは別の文化的ステータスとして通用するものであった。

彼らはしばしば説話集の著者であり、説話文学はこの時代の特徴的な表現形式であった。平康頼の『宝物集《ほうぶつしゅう》』、鴨長明の『発心集《ほっしんしゅう》』、慶政の『閑居友《かんきょのとも》』、伝西行の『撰集抄《せんじゅうしょう》』、無住《むじゅう》の『沙石集《しゃせきしゅう》』など、説話集は十二世紀後半から十三世紀に集中している。仏教関係の内容が多いが、往生伝類のように、往生という一点に絞るのではなく、さまざまな生き方を、時には批判的な視点をもって取り上げている。それは、それ以前に比べて多様な生き方や価値観が可能になり、著者自身がそれらの逸話を取り上げながら、自らの生き方を探していくことが必要だったということであろう。それとともに、勧進の旅行をはじめとして、多様なネットワークによってさまざまな情報がもたらされるようになった状況にも注意する必要があるであろう。

第五章　中世文化の成熟――南北朝・室町期

1　王権の再編と理論

天皇の再定義

後醍醐《ごだいご》天皇は、隠岐に流されるなどの苦難の末に、公家・武士などの勢力を味方につけて鎌倉幕府の打倒に成功して、建武の新政を実現したが(一三三三)、不慣れな政治は混乱を招き、足利尊氏が離反して、吉野に逃れた(一三三六)。これより南北朝の対立時代に入る。このように、後醍醐は結果的には混乱を招くだけであったが、従来の朝廷と幕府の二元構造を否定し、一元的な天皇専制的な政治の実現を目指し、一時的であれ、それを実現した点で注目される。

後醍醐はそれだけでなく、王権と神仏の二元的な緊張関係にも踏み込み、神仏の権威をも統合して支配しようとした。天皇は在位中は出家できなかったが、後醍醐は在家のままで密教の奥義に達して灌頂を受けた。有名な清浄光寺《しょうじょうこうじ》所蔵の後醍醐天皇の肖像は、俗体のままに八葉蓮華《はちようれんげ》に坐し、太陽を象った赤い球体を載せた冕冠《べんかん》を被り、右手に五鈷杵《ごこしょ》、左手に五鈷鈴《ごこれい》を執り、袈裟を身に纏った姿で、仏法・王法の頂点に立つ姿を示している。さらに、頭上には天照皇太神・春日大明神・八幡大菩薩三社の札が貼られている。これは吉田兼倶《かねとも》によって普及する三社託宣の三社（それぞれ正直・慈悲・清浄を表わす）であり、後醍醐の時期まで遡るのは難しいが、神々の世界をも包摂することが示される。

王権と神仏を統合するこのような後醍醐の天皇観は、改めて天皇とは何かという理論的解明を要することになる。それに対応したのが北畠親房や慈遍《じへん》であった。親房は公家の出身で有職故実に詳しく、『職原抄』の著作もある。後醍醐自身も『建武年中行事』を著しているように、有職故実は朝廷の伝統の中核にある。親房は出家して密教に通じ、また伊勢神道の流れを受けて神道理論書『元元集《げんげんしゅう》』を著している。有名な『神皇正統記』はそれを歴史に適用して、「大日本は神国なり」で始まり、皇統の一貫性に日本の優越性を見る議論を展開した。皇統の一貫性はすでに慈円に見られたが、それを正面に据えた親房の議論は、近

図 10　後醍醐天皇肖像

世以後の尊王論の出発点をなすものであった。

慈遍は天台宗の僧であるとともに、吉田家出身の神道家でもあり、『旧事本紀玄義《くじほんぎげんぎ》』や『豊葦原神風和記《とよあしはらしんぷうわき》』によって、伊勢神道系の神道理論を発展させた。その中で、神々の世界（冥）から人間の世界（顕）の展開を説き、人間界の中にあって一貫して神の純粋性を保つ存在として天皇を位置づけた。このように、親房や慈遍は天皇を系譜によって根拠づけたが、そのような特殊な存在であるからこそ、天皇には高い道徳性を保った統治が求められるのであり、そこに統治者の倫理という問題がクローズアップされることになった。

南北朝と正統問題

鎌倉末期に皇統の中で大覚寺《だいかくじ》統と持明院《じみょういん》統の両統が対立したところから、幕府が仲介に立ち、両統迭立《てつりつ》の原則が確立した。その中で大覚寺統の後醍醐は中継ぎとされた自らの位置づけに反発して、それが討幕の原動力になったと言われる。後醍醐から離反した足利尊氏は、持明院統の光厳《こうごん》上皇の命を受けて光明《こうみょう》天皇を即位させ、ここに南北朝対立の時代となった。一時的に足利氏の内紛に乗じて南朝が勢力を盛り返した時もあったが（正平一統《しょうへいいっとう》、一三五一）、結局は足利尊氏に支持され、京都を征した北朝が優位に立ち、最終的に足利義満の斡旋で一三九二年に南朝の後亀山天皇が三種の神器を北朝の後小松天皇に譲り、二朝の並立は解消された。

北朝も南朝ももとは同じ皇統であり、その点では両者の正統性は変わらない。そこで注目されたのが三種の神器の継承であった。後醍醐は一旦は神器を北朝に渡したが、それは偽物だと宣言して南朝を立て、さらに正平一統の際に北朝の神器が南朝に渡された。それが最終的に後亀山から北朝側に戻されたわけである。このように、神器は複雑に移動し、その間に偽物（あるいは偽物と称するもの）も現われて、推理小説張りにわけの分からない行き来がなされることになった。壇ノ浦に宝剣が沈んだときは、それなしでも済まされた神器が、今や正統性の最大の根拠として浮上することになった。しかし、実際には神器なしに即位する場合もあって、曖昧さが許されていた。おおむねは京都で勢力を持ち、最終的にその系統が後世につながった北朝が実質的に正統と認められていた。

それが改めて問題とされたのは、江戸期に入って水戸藩で徳川光圀《みつくに》の命で『大日本史』が編纂され、南朝が正統とされたことによる。山崎闇斎《あんさい》もまた南朝正統論を唱えた。とりわけ幕末の尊王攘夷の主張者たちが南朝正統説を採ったことで、その勢力が強くなった。その根拠は、理論的には神器の所持ということであったが、尊王主義の流れの中では、後醍醐による天皇専制主義が理想と考えられ、それを継承する南朝が正統とされたのである。幕末には楠木正成を忠臣として神社創建の運動が起こり、維新後の一八七二年に湊川《みなとがわ》神社が創建された。ただし、当初は国定教科書でも南北朝が併記されていたのが、大逆事件後の一九一一年に帝国議会で取り上げられて大問題となり、最終的に南朝正統ということで決着した。いわゆる南北朝正閏《せいじゅん》問題である。その後、楠木正成・北畠親房らが忠臣として顕彰される一方で、足利尊氏は逆臣として排斥された。そのような流れの中に皇国史観が形成されることになった。

室町の王権と東アジア

中国では、十四世紀に入るとモンゴル（元）の支配に陰りが見え、やがて白蓮教徒による紅巾《こうきん》の乱に加わった朱元璋《しゅげんしょう》（洪武帝）によって明が建国された（一三六八）。その後、明は十五世紀前半の永楽帝の時に全盛期を迎えた。モンゴルのユーラシア広域に及ぶ支配から、明は再び漢民族中心の中華文化の復興を目指したが、極端な排外主義は採らず、異民族や周辺の国家とも融和的な外交を進めた。朝鮮半島もまた、高麗から李氏朝鮮へと交替し（一三九二）、東アジア全体が大きな変革期を迎えた。

この頃、東アジア海域は倭寇《わこう》の活動が激化し、それへの対策が明の大きな課題となった。明ではこれまでの王朝と異なり、私的な交流を禁じて、国家間の朝貢関係に絞った。それは明と周辺国家の間に上下関係を設定することであるが、貿易による利益を求めて、周辺諸国は明への朝貢使節を派遣した。室町幕府はそれ以前の元の末期に、夢窓疎石《むそうそせき》の進言により、天龍寺造立のために天龍寺船を派遣して成功していた（一三四二）。しかし、明との交易は難航した。それは、明が使節を派遣して朝貢を求めた時、九州を制圧していたのは後醍醐の皇子懐良《かねよし》親王だったので、懐良が「日本国王」として冊封を受けたことによる（一三七一）。その後、十五世紀になって、ようやく義満が「日本国王」として認められることになった。その後も義持による断交など、曲折を経ながら国交と貿易が進行した。

将軍が「日本国王」と称することができるかどうかという問題は、朝廷と幕府の関係の問題に直結する。鎌倉幕府は地理的にも京と距離があり、両者は緊張を持ちながら相互に補完する関係にあった。それに対して、後醍醐は一気に天皇によって王権を一元的に統合し、さらには神仏をも統合しようと志したが、挫折した。その後、北朝の朝廷と足利幕府は再びもとの二元構造に戻るが、足利氏は京に幕府を設けることで、朝廷と近接する道を選んだ。尊氏によって制定された『建武式目』（一三三六）は、「遠くは延喜・天暦両聖の徳化を訪ひ、近くは義時・泰時父子の行状をもつて、近代の師となす」と、公家の理想である延喜・天暦時代と、武家の理想である義時・泰時時代を併せることで、公武協力体制を取ろうとした。それは、一方で武士の文化が公家の文化に接近することであると同時に、他方で幕府が朝廷を左右する力を持つことにもなる。今日では義満が皇位簒奪を謀ったという説は否定されているが、妻日野康子が後小松天皇の准母《じゅんぼ》になるなど、朝廷での勢力の拡大を図り、将軍が朝廷に優越する力を持つようになったことは確かである。朝廷の実質的権力面の弱体化は近世にかけて続き、その中で朝廷は儀礼的伝統の保持者として生き残りを図っていくことになる。

2　神仏と中世文化

仏教宗派の盛衰

鎌倉期の仏教は、基本的に顕密八宗の統合的な枠組みを前提として、その中に位置づけることで理解されるものであった。専修的な主張であっても、基本的にはその枠の中で自己主張をしている。八宗兼学《はっしゅうけんがく》の典型として『八宗綱要』『三国仏法伝通縁起』などの著者である東大寺の凝然が知られるが、日蓮にしても八宗の総合性を前提としている。後醍醐によって重用された醍醐寺の文観《もんかん》は、舎利＝宝珠と不動・愛染とを一体とした三尊合行法により、王権と仏法の統合を企図して、仏法側から後醍醐を支えた。それは統合的な顕密仏教の極限とも言えるが、それだけに後醍醐の没落は、世俗と仏法を一体化する統合仏教の没落でもあった。

鎌倉末期には、八宗に禅宗・浄土宗を加えた十宗体制が一般化するが、その場合の「宗」はそれ以前と同様に、学派的な意味であり、集団性を持った宗派とは異なる。宗派的な活動は十三世紀後半頃から見られるようになり、とりわけ叡尊の律宗教団の活動が全国的に展開された。叡尊教団は、戒律復興とともに、密教の立場に立って舎利信仰や文殊信仰を広め、病者や貧者の救済などの福祉活動、道路や港湾の整備などの社会事業や金融にも従事した。このような活動を全国的なネットワークを作って展開して、広い支持を集めた。文観もまた、もともとは律宗教団から出発している。しかし、律宗教団は室町期になると次第に停滞していく。密教に代わって念仏や禅が広まり、従来の開かれた集団が次第に閉鎖化して宗派化すること、社会事業は世俗の地域権力が主体になっていくこと等の理由が考えられる。

同じ頃、法然に由来する浄土宗教団も、良忠《りょうちゅう》らの活動で広範囲に定着した。聖道門と浄土門を区別して、念仏を中核として浄土門の教義を固め、教団的な組織形成へと向かうようになった。念仏系の教団では、鎌倉末期から室町期に大きく発展したのは時宗《じしゅう》(時衆)であった。時宗は一遍《いっぺん》の遊行集団に発し、第二世の他阿《たあ》真教《しんきょう》によって教団化された。歴代の遊行上人を核とした強靭な組織と広いネットワークを持ち、ケガレや差別を超えて葬儀に積極的に関わったことなどによって支持を広げ、戦闘の際に陣僧として従軍することも少なくなかった。また、踊念仏が興行化、芸能化したところから、時宗僧侶が将軍に仕える同朋衆《どうぼうしゅう》にも採用された。しかし、近世へかけて定着的な社会が確立する中で、非定着的な遊行の流動性が制約され、勢力が衰えた。

禅林の文化

禅宗からは自然居士《じねんこじ》や放下僧《ほうかそう》のように大衆芸能化する僧も現われたが、教団としては公家や上級武士を中心に勢力を伸ばした。禅宗は宋・元との交流を通して、中国の寺院の修行法や儀礼体系を摂取したが、宋の禅宗は護国的であり、それを採用することで、従来の複雑な密教儀礼が簡素化され、実用的なものとなった。鎌倉期に京で勢力を持ったのは円爾《えんに》(弁円)の聖一《しょういち》派であったが、この一派は密教と融合した禅を説いた。鎌倉では、蘭渓道隆・無学祖元《むがくそげん》らの渡来僧によって、京とやや異なる展開が見られた。

禅宗は鎌倉末期から南北朝期にかけて、次第に勢力を増し、教団組織を整えたが、室町期の王権と緊密に結びついて定着したのは、夢窓疎石が足利尊氏・直義《ただよし》の信頼を受けたことによる。夢窓は能力に応じて多様な修行を認める柔軟で現実主義的な立場に立ち、積極的に政権に助言して、天龍寺・安国寺利生塔などの建立を勧め、後醍醐をはじめとする戦死者の霊を弔い、戦乱による混乱を治めた。『夢中問答集』は直義に与えたもので、問答形式でさまざまな問題を扱っている。

夢窓によって基礎を築かれた京の五山の僧は、聖俗にわたる広範な知識と漢文力により、その後も幕府の外交関係のブレーンとして活躍するとともに、室町期の文化をリードする役割を果たした。即ち、主要な仏典を五山版として出版して普及させ、研究を進めるとともに、その漢詩文は五山文学と言われる高度な達成を果たした。朱子学などの新しい中国の文献や教説も、五山僧によって学ばれた。また、絵画や寺院建築、庭園の設計などにも腕を振るい、五山は最先端の中国風文化のセンターの役割を果たした。

だが、そうした多面的な禅林文化の興隆は、他方で本来の禅の修行を疎かにするものとして批判を浴びた。もっとも峻厳な態度を取ったのは、夢窓と同時代の宗峰妙超《しゅうほうみょうちょう》（大灯国師）であり、夢窓を批判して、名利に囚われない一途の修行を説いた。宗峰は大徳寺を創建し、弟子の関山慧玄《かんざんえげん》は妙心寺を創建して、五山に飽き足らない修行者の拠点となった。五山に対して、林下《りんか》と呼ばれる。後に大徳寺からは一休宗純が出て、風狂の生活と詩文によって後世に大きな影響を与えた。なお、曹洞宗は、鎌倉後期に瑩山紹瑾《けいざんじょうきん》が出て、地方に教線を伸ばした。

「神道」の成立

伊勢は、皇祖神を祀る神社として特別に尊崇されてきた。伊勢は内宮《ないくう》と外宮《げくう》からなり、アマテラスを祀るのは内宮であって、外宮にはトヨウケの神（豊受大神）を祀る。トヨウケは食物を司る神であり、ややもすれば外宮は内宮よりも下に見られていた。それに反発した外宮の神官の度会《わたらい》氏を中心に、外宮の地位を向上させようという運動が十三世紀後半から起こってきた。外宮が内宮より上に位置することを示すには、トヨウケがアマテラスよりも重要な神として認められなければならない。こうしてトヨウケをアメノミナカヌシ（天御中）やクニノトコタチ（国常立）と同一視する主張がなされるようになった。アメノミナカヌシやクニノトコタチは記紀神話で天地開闢《かいびゃく》の最初に現われる神であるが、そこでは単に名前が見えるだけで具体的な活動は見られない。

それをアマテラスより大本の世界の原初神として立てるのである。

このことは、単に外宮と内宮の優劣という問題を超えて、新たにこの世界の成立の探究という問題を提起することになった。仏教では世界の構造を論ずるが、世界の成立や始原について論ずることは少ない。それは、何らかの根源的な実体を想定することになり、仏教の無我や空の思想に反するからである。このように、この頃の神をめぐる議論は次第に理論的な問題へと展開することになった。当初、この議論の典拠とされたのは、「神道五部書」と言われる文書であるが、それらは鎌倉期に入ってからの偽書であることが明らかにされている。

その後、度会家行《いえゆき》の『類聚神祇本源《るいじゅうじんぎほんげん》』を経て、北畠親房や慈遍へと、伊勢神道の理論的な探究が進められた。彼らは「神道」という言葉を用いているが、もちろんそれは教団的な性格を持った、今日的な意味での宗教とは異なっている。しかし、これまでなかった理論的体系が構築され、その意味ではまさしく「神道」の成立と言ってよい。そこには、仏教や儒教・道教・陰陽思想などが自覚的に摂取され、理論的な武装がなされている。それを通して、日本の神道がインド・中国のさまざまな教えと較べても、もっとも根本となるものだという日本中心主義の思想が打ち立てられた。その中に前述のように天皇論も含み込まれる。この基本的な構図は近世に継承されることになる。

このような中世神道理論の最終的な大成者として吉田兼倶が現われる。吉田氏は京都の吉田神社の神官を世襲するが、兼倶はさまざまな策略を用いて、全国の神々は吉田神社の大元宮《だいげんぐう》に集まっていると称し、神社界の統合を謀った。その主著『唯一神道《ゆいいつしんとう》名法要集《みょうほうようしゅう》』では、本迹縁起神道・両部習合神道・元本宗源《げんぽんそうげん》神道の三つを立てて、自らの立場を元本宗源神道だとする。まさしく吉田こそすべての神々を統合する唯一の根源である。兼倶の策略は成功して、近世には吉田家が神官の任命権を持ち、神社界を支配することになった。

3　室町ルネサンス

古典の研究と秘伝化

新しい思想はしっかりした古典の研究を基にして形成される。中世の仏教や近世の儒学・国学に較べて、中世の和漢の古典研究はともすれば見逃されやすいが、その水準はきわめて高いものがあり、近世の学問もそれを前提にして展開している。北条（金沢）実時による金沢文庫、上杉憲《のり》実《ざね》が復興した足利学校など、武士による向学の風も興ったが、古典研究の中心はやはり公家と僧侶であった。とりわけ公家は、博士家の学の伝統を受け継ぎながら、宋学などをも受容して、日本の古典へも目を向けた。北畠親房もその伝統を受けている。

室町期には公家と武家が接近することで、両者が一体となり、さらに仏教が加わった新しい文化が築かれた。義満の北山文化、義政の東山文化はその結実である。応仁の乱前後の混乱期を生きた一条兼良《いちじょうかねよし》は、『日本書紀纂疏《さんそ》』『花鳥余情《かちょうよじょう》』(『源氏物語』の注釈)など、日本古典に対して多くの注釈書を著し、その後の研究の基礎を作った。儒学にも詳しく、新しい宋学をも採り入れている。また、不遇であったとは言え摂政・関白を歴任し、将軍足利義尚《よしひさ》のために治世の要を説いた『樵談治要《しょうだんちよう》』を著し、有職故実書の『公事根源《くじこんげん》』も名高い。古典を再発見し、広い領域の力を発揮した点で、ルネサンスの人文主義者のような役割を果たしたと言える。

公家・武家・僧侶などが緊密なネットワークを作り、古典を紐帯としたサークルを形成する中から、連歌という新しい集団の文芸が生まれた。連歌の確立者とされる二条良基《にじょうよしもと》は、北朝のもとで摂政・関白として実権を振るったが、最初の本格的な連歌集『菟玖波《つくば》集』(一三五六)を撰集し、准勅撰とされた。北朝では『風雅和歌集』以下、勅撰和歌集も引き続いて編纂され、古典復興の機運が盛んだった。連歌はそのような共通の教養を前提とした共同作業によって作られる「座」の文学であり、その場の即興性において成り立つという点でも特異である。この形式は戦国期にも継承され、宗祇《そうぎ》によって大成され、さらに近世には俳諧へと展開して、大衆化した。

古典研究はまた、別の形式をも生み出した。連歌が公開されるのに対して、特殊な説が口伝《くでん》として秘伝化され、伝授されるもので、特に『古今集』に関する古今伝授《こきんでんじゅ》が名高い。これは東常縁《とうのつねより》から宗祇に伝えられた解釈が継承されていく。仏教で本覚思想が口伝によって伝えられたり、密教や禅で最奥の真理が秘伝化するのが影響していよう。皇位継承に伴う即位灌頂もそのような動向の中で理解される。後には、武道や芸道における免許皆伝にも影響することになる。

能楽とその理論

能の起源ははっきりしないが、もともと滑稽なものまねを主とした大衆的な猿楽から発展したと考えられている。大和を中心として活動していた中から、観阿弥・世阿弥父子が現われ、将軍義満に気に入られ、一挙に高度な音楽劇として、武士や貴族に愛好されるようになった。このように大衆性と高度な芸術性の重層性を持つところに、能の複雑さがある。世阿弥の理論書『風姿花伝』では、能の起源として天の岩戸の前でのアメノウズメの踊りや、釈迦の説法の時に外道の邪魔を除くために弟子たちが滑稽な物まねをしたということが挙げられている。宗教性と滑稽性の重層がその基にある。ただし、完成した能では滑稽性は排除され、それは狂言が担うことになった。能の祝祭性は、もともと翁猿楽に由来し、それは今日でも演じられる演目「翁」に明らかである。

能の理論は、世阿弥と、彼の娘婿である金春禅竹《こんぱるぜんちく》によって大成された。世阿弥の『風姿花伝』は、年齢によって芸風を変化させていく必要を説き、その後の武道や芸道の修養のモデルとなった。禅竹は、世阿弥よりも宗教性が強く、幽玄な作風で知られるが、理論的にも難解である。

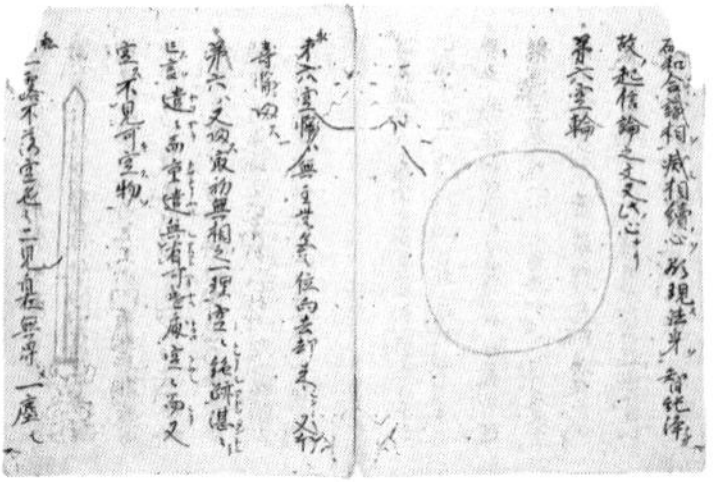

図11　六輪一露の図(『金春禅竹伝書』)

『明宿集《めいしゅくしゅう》』では、翁＝宿神《しゅくじん》を根源的な存在として、そこから一切の神仏が生成すると説いている。また、『六輪一露《ろくりんいちろ》之記』では、世界生成と芸の深化を円相の六段階の変化で説いている。そこには、禅や密教の影響がうかがわれるとともに、神道理論における世界生成説との関連も見られる。究極の一滴の露は剣に変ずるとされ、そこにも神仏の理論との関係が著しい。

能はその理論とともに、実際に演じられる謡曲にも深い宗教性、思想性が見られる。とりわけ複式夢幻能と言われる修羅物は、『平家物語』などに取材しながら、死者の霊の救済が語られる。基本的なスタイルとして、前場でワキが旅する僧として現われ、そこで普通の人間の姿をした前シテに出会う。やがて後場で本来の亡霊の姿を現わした後シテは昔の戦乱の様子を再現し、修羅道からの救済を求めて消えていく、という形になっている。そこでは、『平家物語』や、場合によってはさらに古い『源氏物語』などの古典の知識の共有を前提として、生前の悪業で悪道に堕ちた死者の霊がいかにして救済されるかという問題が扱われている。鎌倉幕府打倒や南北朝の戦乱の記憶が生々しい観衆にとって、それは他人事ではない切実なテーマであっただろう。そこには、単なる娯楽を超えた魂のドラマが展開されている。それはまた、中世の宗教と文学・芸能が一体化していく究極的な姿であったとも言えるであろう。

バサラと天狗

川端康成がノーベル賞を受賞した時の講演に、一休の「仏界入りやすく、魔界入りがたし」という言葉を引いたことはよく知られている。実際にはこの言葉は一休にはなく、後の一休噺に出るものである。しかし、室町後期の禅僧雪江宗深《せっこうそうしん》の語録には出ており、この頃の禅僧の語録には、仏界・魔界の対がしばしば用いられている。応仁の乱前後の混乱した状況には、魔界は決して抽象的ではなく、きわめてリアルな現実の問題だったのであろう。中世神話の中では、第六天（欲界の最上位）の魔王は日本を狙ったが、アマテラスが巧妙な計略で契約を結んで日本に入らせず、仏法を護ったという話が知られている。

『太平記』の中には、さまざまな魔的な存在が跳梁する。その中でもいちばん強烈に印象に残るのは楠木正成の亡霊であろう（巻二十三）。大森彦七という武士の前に、正成は千頭《せんず》王鬼《おうき》という鬼になって、七頭の牛に乗った恐ろしい姿で現われる。それは生前、瞋恚《しんい》の思いが強かったためである。そもそも主君の後醍醐自身が摩《ま》醯修羅《けいしゅら》の所変であり、第六天にいて、その配下の者たちは修羅道で戦いに明け暮れている。つまり、後醍醐は魔の大親分ということになる。結局、荒ぶる正成の亡霊も『大般若経』読誦の功徳によって鎮められる。この点、能の修羅物と同じパターンである。『平家物語』では、「冥」の世界は人間の知覚の及ばないところにあったが、『太平記』ではきわめて生き生きとその異形の姿を現わしている。見えざるものが次第に見える存在に変わって統御可能となり、やがて近世の妖怪につながっていく。それだけ異界が現世に引き寄せられ、現世化していると言うことができる。

『太平記』にはまた、新しいタイプの人物像が描かれている。その典型はバサラの佐々木道誉である。奇抜で人目に付く派手な格好で奔放な振舞をするバサラは、既成の秩序が壊されて、新しいものが生まれてくるエネルギーの表出であり、道誉は神仏をも恐れず、妙法院を焼討するようなことを平気でする。後の信長や秀吉につながるものがある。建武式目では、さすがにバサラを扱いかねて、禁止している。楠木正成にしても当時の秩序の中にはまらない「悪党」であった。こうした新しいタイプの武将たちが、次の戦国期を作っていくことになるのである。

Ⅲ　思想の多様化と変容〔近世〕　16〜19世紀

第六章　大変動と再編——戦国・安土桃山期

1　分裂から再統一へ

天皇・将軍・大名

室町幕府は三代将軍義満の頃に全盛期を迎えたが、もともと武士集団の寄り集まり的な性格を持ち、将軍の力は必ずしも強くなかった。また、京に地盤を置いて朝廷とも協調的であったために、王権の二元的な緊張構造が弱く、対抗する相手を想定することで求心力を強めることも困難であった。専制を狙った六代将軍義教《よしのり》が赤松満祐《あかまつみつすけ》に殺害されると（嘉吉《かきつ》の乱、一四四一）、幕府は一気に弱体化して、応仁の乱（一四六七—七七）に突入し、それがひとまず収束しても、そのまま社会の混乱は収まらず、戦国の世を迎えることになった。将軍は細川氏はじめ、その時々の畿内の有力者の傀儡《かいらい》となり、そもそも京にいることができずに、放浪する羽目となった。最終的に足利義昭《よしあき》を擁して入京した織田信長の力で義昭が十五代将軍となったが（一五六八）、やがて信長と対立して京から追われ（一五七三）、実質的に幕府は崩壊した。

こうした事態の中で、天皇家もまた困窮を極めることになった。一五〇〇年に後土御門《ごつちみかど》が病死した時には、火葬までに四十三日間放置され、次の後柏原《ごかしわばら》天皇は践祚《せんそ》したものの、即位礼が実行できたのは、一五二一年であり、大嘗祭はついに行われなかった。大嘗祭は一四六六年の後土御門以後、二百年以上にわたって中断することになった。それは、幕府の財政援助がなされないからであった。その他、これまでの慣例が大きく変更された。天皇の生前退位もままならなくなり、上皇も皇太子も皇后もいない状態が続いた。

このような困難にもかかわらず、天皇の地位が落ちたかというと、そうも簡単には言えない。第一〇二代の後花園から第一〇九代の明正《めいしょう》まで、皇位の継承がほとんど争いもなく、直系で継承された。それは、そもそも争うだけの余裕もなく、また、大名たちもそれほどの関心を持たなくなったからでもあるが、南北朝期の争いから見れば驚くべき平穏さである。後継者争いは将軍家のほうに移ったとも言える。後花園の弟の貞常親王の系統はずっと伏見宮として継承されることになり、摂関家や門跡寺院の制度も整備され、そこで争いがあっても、基本的な継承のルールは確立していた。皇族・公家・門跡は一体として伝統文化の伝承者となり、成り上がりの武士たちに羨望されることになる。

この時代、大名たちは京から所領のある地方に下り、定着して勢力を築くようになる。しかし、彼らの関心は京を離れたわけではなかった。京は国の中心であり、憧れの文化都市であり、天皇はその象徴であった。実力本位であれば、天皇から与えられる官位など無用なはずだが、その官位を持つことが大名の支配を正当化し、周囲の大名に対して優位に立つことができた。天皇は権力的には無力でありながら、伝統の文化に則った秩序の中核としての権威を保持することになる。覇権だけでは天下は治められない。文明の秩序が必要とされる。そのような朝廷の役割は、この後、江戸期へと引き継がれることになる。こうして大名たちは京を目指し、また、京から下ってきた公家たちは、京の文化の伝道師として尊重されることになった。

領国統治の理念

室町期には農業の生産力は向上し、惣村の自治的な組織が拡大して、そこから土一揆へと展開することも稀ではなかった。さらにそれが大規模化すると、国一揆や一向一揆として一国を支配するに至った。また、土倉などの金融業の発展も著しく、京をはじめとして町人(町衆)の自治的な活動も活発化して、法華一揆につながった。戦国時代は、このような経済発展をもとにした大きな社会変動期であった。その中で、朝廷や幕府の政治力の弱体化に伴い、各地の大名勢力による群雄割拠が続き、下剋上の覇権主義が横行した。もっともだからと言って、何でも無秩序状態になるわけではなかった。大名は、一方では臣下や領民たちの不満に対処し、治安維持や生産力の向上に努め、他方で戦争と平和を使い分けながら対立する大名との駆け引きに手腕を発揮しなければならなかった。大名の支配領域は文字通り一つの「国」であり、「国家」という言葉も用いられた。大名はその国家の王権であり、それを維持し、発展させるには並々でない能力を要した。神仏との関係もまた重要な問題であり、それは単に実利的なものではなかった。殺し殺されるのが日常となる中で、神仏に頼るようになるのは当然であり、北条早雲《そううん》・武田信玄のように、出家した上で実権を振るう大名もいた。毘沙門《びしゃもん》の「毘」を旗印にした上杉謙信、浄土宗の信仰篤い三河武士団を率いた徳川家康なども知られる。

大名支配の思想を知る手掛かりとしては、分国法と言われる各国の法規定や、弟子や子孫に与えた家訓・遺訓などが知られる。分国法はすべての大名が有していたわけではなく、むしろ有していた方が少ない。『御成敗式目』が依然としてある権威を持ってはいたが、実際には必ずしも文章化されない慣習法や大名の判断に委ねられるところが大きかった。法的な規定を設けることは、大名の自由な行動を縛る恐れもあったので、嫌われた面もある。先進的な法整備としては、今川氏親《うじちか》の『今川仮名目録』がよく知られ、とりわけ喧嘩両成敗を定めた第八条が名高い。後に義元が『かな目録追加』を加えたが、その中には、出陣の際に法度に背くならば、高名をしても不忠である（第四条）というように、家臣に対して厳しい秩序を求めている。分国法の中には、『六角氏式目』のように、大名の絶対権力が弱く、家臣団のほうが原案を作って、大名に承認させるような例もみられた。

家訓や遺訓は、妻子に対する愛情など、武将の個人的な心情を知ることができる点で貴重である。北条早雲のものとされる『早雲寺殿廿一箇条』では、「ただ心をまっすぐで柔らかに持ち、正直・公正で、上のものを敬い、下のものを憐れみ、……ありのままの心であれば、神仏の心にもかなうであろう」等と、率直な倫理観が表明されている。このような武士の倫理観が、江戸期の武士道に引き継がれることになるのである。

また、そこには、「祈っても心が曲がっていれば天道《てんとう》に見放される」と、天道思想が表明されていることも注目される。「天道」は、もともと『易』や『荘子』などの中国の古典に出る言葉である。しかし、この時代には神仏儒などの融合の中で形成された観念で、キリスト教とも結びつく要素を持っている。中世前期の「道理」の観念を承けて、曖昧だが、倫理の根源となる超越的な存在と考えられる。江戸期にも重視され、後には太陽信仰との一体化から「お天道様」として信仰されるようになった。

天下統一と東アジア

信長は足利義昭を奉じて入京し、義昭を十五代将軍に就けたことで、ひとまず中央を押えたが、それで戦乱が終わったわけではなかった。最終的に義昭を京から追放して室町幕府は崩壊するが、その前後にも、信長は諸大名と戦うばかりでなく、比叡山焼討（一五七一）、一向一揆との戦いなど、宗教勢力にも応対しなければならなかった。朝廷との関係も微妙であり、信長は朝廷への圧迫を次第に強めていく。京と距離のある琵琶湖東岸の安土に築城し、自らを神格化しようとしたとも伝えられる。正親町《おおぎまち》天皇は信長に、どのような官職でも与えるとして懐柔しようとしたが、信長は返事をしないまま、本能寺で命を落とすことになった（一五八二）。

信長の後を襲った秀吉は朝廷に対して敬意を示し、天皇の力を背景に自己正当化を図り、抵抗する大名たちを抑え込んでいった。秀吉は朝廷の官位を上り、征夷大将軍ではなく、関白を望んで就任する（一五八五）。これは武家の棟梁ではなく、公家社会のトップであることを意味する。関白位をめぐる近衛家と二条家の争いに乗じて金銭で籠絡したもので、五摂家でなければ就けない最高官位を巧みに奪取することで、公家社会をもその権力下に置くことに成功した。正親町に替わった後陽成《ごようぜい》は聚楽第《じゅらくだい》に行幸し（一五八八）、両者の緊密な関係を示した。秀吉は全国的に刀狩りや検地によって統治の地盤を固めるとともに、京には方広寺に大仏を建立して、新たな街づくりに着手した。

秀吉の頃には、キリシタンの勢力も拡大し、南蛮貿易も広く行われるようになっていたので、その視野は国内だけでなく、外にも向けられるようになっていた。国内を平定した秀吉が次に目を向けたのは朝鮮であり、その先にある明であった。二度にわたる朝鮮出兵（一五九二―九三、九七―九八）の意図するところは、後陽成を北京に移し、秀吉は大唐関白となり、国内は親王が継ぐという壮大なものであった。それはまったく実現の可能性のない妄想であったが、朝鮮に関して言えば、神功皇后の出征伝説以来、日本の属国視する観念が底流にあったことは否めない。対馬の宗氏を仲介とする両国のやり取りは、相互の意識の食い違いを明白にしている。この問題は、江戸期の朝鮮通信使時代を経て、明治の征韓論や朝鮮植民地化につながることになる。

朝鮮出兵は現地に甚大な被害を与えるとともに、激しい抵抗に遇い、出征した日本の兵士もまた疲弊し尽した。医僧として従軍した真宗の慶念《きょうねん》は、その残酷な状況を多くの和歌とともに、『朝鮮日々記《ちょうせんにちにちき》』に残した。

2　一神教の衝撃

一神教との出会い

一五四九年に日本に到着したフランシスコ・ザビエル（シャビエル）は、イエズス会創始時（一五三四）のメンバーの一人である。イエズス会は、十六世紀のヨーロッパに吹き荒れた宗教改革の嵐の中で、カトリック側の対抗宗教改革の中心となる新しい修道会運動を起こした。その活動の一つの大きな柱は異教徒への宣教で、ザビエルはその先頭に立って、インドのゴアを拠点に活動していた。その時、日本人アンジロー（またはヤジロー）を知って、日本布教を志した。当時、プロテスタントは西欧内での闘いで手一杯で、海外布教は念頭になかった。後の明治期のキリスト教はプロテスタントが中心になった。プロテスタントが世俗主義を取るのに対して、カトリックでは聖職者はローマ教皇を頂点とする階層の中に位置づけられる。このために、日本にもセミナリオ（初等の神学校）、コレジオ（高等の神学校）など、組織的な教育システムが構築された。

巡察使として日本に来たアレッサンドロ・ヴァリニャーノは、できるだけ現地の習俗に適応するという適応主義を取って、定着を図った。この方針は中国でも採用され、マテオ・リッチ（利《り》瑪《ま》竇《とう》）らは儒教的な祖先崇拝を生かした布教を行ったが、他の修道会はそれを批判し、いわゆる「典礼論争」が起こり、イエズス会は解散に追い込まれた（一七七三）。日本では禁教によってそのような議論が起こるまでに至らなかった。そのため、天正の少年遣欧使節（一五八二―九〇）や支《はせ》倉常長《くらつねなが》のように、渡欧して学んだ日本人の努力も結局実を結ばなかった。ただ、禁制下の隠れキリシタンのように、土着化した独特の形態も生まれた。仏教の日本化と同様、キリスト教の日本化は今日に至るまで大きな課題である。

キリスト教は、仏教伝来以後、初めて伝来した新しい宗教であり、宣教師の側にも、受け手の日本人の側にも戸惑いが大きかった。神（デウス）をどう訳すということからして試行錯誤の連続だった。日本人には、創造神ということが理解できず、また、洗礼を受けずに死んだ祖先が地獄に堕ちて永遠に救われないという教えに愕然とした。また、仏教の僧侶とキリスト教の宣教師の対論では、仏教が最終的に「無(空)」を説くのに対して、キリスト教は神と天国の実在(有)を説くという点が大きな論点となった。キリシタンの教えを日本人が日本語で記し、仏教などを批判した唯一の著作は、江戸期に入ってからのハビアンの『妙貞《みょうてい》問答』(一六〇五)であるが、そこでハビアンは、仏教の極楽は所詮は無に帰するが、キリスト教の天国は実在するから信ずるに値すると論じ、仏教的な「現世安穏、後生善所」という問題意識の延長上にキリスト教を理解している。

戦国の仏教

これまで見てきたように、かつて鎌倉新仏教として並列的に扱われていた諸宗は、じつはひとまとめにはできず、時間差をもって展開している。その中で、戦国期に一気に発展したのは、真宗(一向宗)の本願寺派と法華宗(日蓮宗)である。真宗は親鸞の東国の門弟に由来する高田派や仏光寺派が勢力を伸ばしつつあったが、その中で親鸞の墓所から出発した本願寺は、第八世の蓮如《れんにょ》が出て一気に巨大勢力へと発展した。蓮如は、本願寺が比叡山の衆徒によって破壊されたことから、近江を経て、越前の吉崎を拠点として布教活動を展開し(一四七一)、北陸を中心に多数の信徒を獲得した。蓮如の成功の理由としては、信心を中心として親鸞の教えを簡明にしたこと、親鸞の子孫ということで貴種としてのカリスマ性を持ったこと、などが挙げられるであろう。本願寺門徒は、共通の利害で結ばれた共同体である一揆を形成し、やがて加賀一国を支配する一大政治的軍事的勢力となった。その後の本願寺は皇室や九条家にも接近したが、第十一世顕如《けんにょ》は石山本願寺に拠って信長と戦い、最後は退去した(一五八〇)。江戸期には、政治的権力を失って、東西両本願寺に分かれたが、僧侶の肉食妻帯を認める独自の立場を堅持して、勢力を保った。

法華宗は、日像《にちぞう》の布教以来、京都の町衆の間に広まった。新興の商工業者である町衆にとって、現世を重視し、既存の体制を厳しく批判する法華宗が魅力的に映ったものと思われる。京都二十一箇寺と言われる大寺院が連なり、信者の町衆は自治体制を整え、法華一揆と言われるような一大勢力となった。本願寺勢力と対立して、山科本願寺を焼討するなど(一五三二)、気勢を上げたが、比叡山と大名たちの連合軍に敗退した(天文法華の乱、一五三六)。その後再び復活したが、信長は安土宗論(一五七九)によって浄土宗と対論させ、意図的に法華宗を敗者としてその勢力を削ごうとした。

禅宗も大きく発展した。臨済宗だけでなく、鎌倉末期の瑩山紹瑾以来、曹洞宗も急速に進展した。戦国大名は多く禅宗に帰依したが、それは禅宗の人間観が、戦争で明日をも知れぬ命を見つめる武士にとって親しかったということとともに、禅宗は葬式儀礼が整備され、菩提寺として家の宗教化した点も大きかった。この方向が江戸期の寺檀制度につながることになる。

統一国家と宗教

信長は宗教勢力とも戦い、その巨大な力を弱体化させることに成功したが、その上に立って新たに立て直しつつある宗教勢力と、どのような関係を結ぶかという問題は、次の秀吉に委ねられた。その際の最大の問題はキリスト教の位置づけであった。キリスト教は、大名を含めて多くの信者を獲得したが、他方で王権により禁圧の動きも続いた。早くに正親町天皇はキリシタン嫌いで「大うすはらひ」(一五六五)の命を出したが、実際に大きな影響力を持ったのは秀吉の伴天連《ばてれん》追放令(一五八七)であった。そこでは、「日本は神国であるのに、キリシタン国から邪法を授けるのはあってはならないことだ」として、日本が神国であることを、キリスト教を受け入れない根拠としている。この「神国」は神仏を含み、日本はそれで充足しているので、外から新しい「邪法」を必要としないという論法である。ここに「神国」はキリスト教を排除するという新しい意味を与えられることになった。その論法は江戸期のキリシタン弾圧や鎖国の際に継承されることになった。

秀吉は、その上で方広寺の大仏を拠点に仏教界の統合を図ろうとして、方広寺に諸宗の僧を招いて千僧供養を行った(一五九五)。それは、自己の権力を宗教界にも徹底させようというものであり、日奥《にちおう》ら日蓮宗の一派のみが、不受不施《ふじゅふせ》の原則のもとに出仕を拒んだ。彼らは江戸期に入ってもその態度を貫き、禁止されて、地下に潜ることになった。秀吉は、最終的に自らが神として祀られることを望み、朝廷から豊国《とよくに》大明神の神号を与えられて、吉田神道の形式で豊国社に祀られた。大坂冬夏の陣で豊臣氏が完全に滅ぼされて、豊国社も壊されたが、政治的権力者が死後に神として祀られたのは、これが最初である。これは従来の御霊神とはまったく異なる種類の神であり、顕彰神とも称することができる。後に家康は東照宮に祀られ、さらに明治維新以後に多数の新しい顕彰神が祀られるようになった。

3　大名と町衆

南蛮文化とグローバル世界

キリスト教の伝来はそれだけ切り離して行われたことではなく、十五世紀に始まったヨーロッパの大航海時代の一部をなすものであった。大航海時代は、ヨーロッパの船がアフリカ・アジア・アメリカ・オセアニアなど世界各地へと進出し、交易と略奪・虐殺などを繰り返して、植民地化を進めた時代であった。同時に、それによって初めてそれまでばらばらであった地球の各地が統合され、世界地図を描くことが可能になった。それまでの東アジア世界は、中国を中心とした華夷観によって成り立っていたが、それだけで済まなくなり、まったく異質の西欧の文化と宗教に触れ、先進的な文化を採り入れるとともに、植民地化の脅威に対抗しなければならなかった。こうして、否応なくグローバルな地球規模の世界に投げ出されることになるのである。

十五―十六世紀には、スペインとポルトガルが中心であり、その後、オランダやイギリスがそれに替わった。英国の東インド会社の創立が一六〇〇年、オランダは一六〇二年であり、ちょうど日本でも大きな政権交替の時期であった。中国もほぼ同じ頃、明から清に交替する（清の建国が一六一六年）。その変化は日本の外交政策にも大きく反映することになった。もともと「南蛮」というのは中華的な華夷観によって南方の蛮族を意味する言葉であり、当初はそれがどこに位置するかもはっきりしていなかった。しかも、スペインやポルトガルが東アジアに進出した際には、その海域は後期倭寇（十四世紀の前期倭寇に対する）が大きな勢力を持っていた。その棟梁は中国人が多く、王直《おうちょく》などはほとんど独立国家に近い権力を持っていた。従って、南蛮勢力も彼らの力を借りながら、中国の帆船ジャンクに乗って日本にやって来たのである。こうして、東アジア世界の枠の上に新たにグローバルな世界が重なって押し寄せることになった。それにさらにスペインとポルトガルの確執が重なる。キリスト教の布教にしても、ポルトガル系のイエズス会に対して、スペイン系のフランシスコ会やドミニコ会が異議を唱えるなど、混乱があった。

ともあれ、こうして日本に到来した南蛮文化は、キリスト教という精神世界の領域だけでなく、物質文明に関しても大きなインパクトを与えた。周知のように、その第一に挙げられるのは鉄砲である。種子島を通して到来した鉄砲は、戦国の世の戦争のあり方を一変した。戦国時代の戦争は、それまでの武士の一騎打ち的な戦争のあり方を変えて、足軽が部隊として出動する集団戦が中心となっていたが、鉄砲の使用はそれをいっそう進め、長篠の合戦（一五七五）などにその威力を見せつけた。

南蛮文化は文化面に関しては、印刷術や美術、さらには日用品や飲食にまで大きな痕跡を残し、それが江戸期のオランダ文化への関心へと引き継がれる。南蛮文化の受け入れには、キリシタンのネットワークが大きな役割を果たした。その中心は高山右近などの大名や医師の曲直瀬道三《まなせどうさん》などであったが、興味深いことに、彼らはまた茶人としても知られ、キリスト教の信仰と南蛮文化、そして茶の湯のネットワークは深く結びつくものであった。戦国から安土・桃山期への文化は、そのような複合として見られなければならない。

闘茶からわび茶へ

戦国期から近世初期にかけて、『洛中洛外図屛風』がいくつも描かれている。その中でももっとも有名なものは上杉本と言われ、若き狩野永徳の筆になり、いろいろないきさつの末に信長が上杉謙信に贈ったものと言われる。十六世紀の京の賑わいが細部にわたって描き込まれ、人々の生活はいかにも楽しげで、享楽に満ちている。京の街は応仁の乱以後戦場となり、天文法華の乱

図 12　『洛中洛外図屏風』上杉本（右隻，部分）

などでも荒れ果てたが、ここにはその殺伐とした気配は感じられず、豪華で明るい活気に満ちている。京の街が日本の中心として憧れの対象になったのも無理はない。室町期の文化は、北山文化の豪華さと、東山文化の幽玄志向との両極の間を揺れ動く。というよりも、光と影の部分を同時に持っていたのがこの時代の文化の特徴であり、それは戦国期にいっそう顕著になり、さらに安土・桃山期に極端化する。

　このような特性をもっともよく表わす文化が茶の湯（後世の茶道）である。もともと金ぴかの衣装で、高価な唐物の道具を使って豪勢に行われた闘茶《とうちゃ》は、村田珠光《じゅこう》、武野紹鷗《じょうおう》、千利休《せんのりきゅう》と継承される中で、次第に茶の湯として精神化されてゆく。しかし、その愛好者は数寄者《すきもの》と呼ばれ、バサラからカブキ者へと受け継がれていく派手で奇抜な異形性と無関係ではない。その精神は、秀吉が黄金の茶室を愛したところにも引き継がれている。北野大茶湯（一五八七）は一日だけで終わったが、貴賤を問わず、形式を問わない祝祭性が、『洛中洛外図屏風』の世界と共通する。

珠光―紹鷗―利休の系譜は、このような動向を受け入れながらも、狭い草庵の茶室へと簡素化して、後代にわび茶と呼ばれるような形式を完成する。その実態と精神は、利休の弟子の山上宗《やまのうえそう》二《じ》による『山上宗二記』や、後代のものであるが『南方録』などに記されている。『山上宗二記』によれば、「茶の湯者の覚悟」の第一は、「上を粗相に、下を律儀に」ということであり、世俗の身分を離れて亭主と客人が直接に向かい合うあり方に理想を見出そうとした。それは連歌と同じ「座」の文化の流れを引きながら、局限的には二畳の狭い小間に、両者が一期一会の出会いをする凝縮された場を作り出すことを目指した。それは、秀吉の成り上がり的な豪勢さに対して、正反対の方向に最高の贅沢を見出そうとするものであった。利休は堺の裕福な町人の出身であったが、堺はもともとの貿易による隆盛に加え、戦乱の京を逃れた文化人を受け入れて、独自の自治的な世界を展開していた。その反骨性を根底に持った利休が秀吉と出会い、そして最終的に離反しなければならなかったところに、桃山期の文化の典型を見ることができるであろう。

庶民の文芸

「御伽草子《おとぎぞうし》」と呼ばれる一群の物語は室町期を通して作成され、江戸期になって出版されたものが多い。従って、それぞれの成立の時代や状況は必ずしもはっきりしない。しかし、公家や武士だけでなく、比較的豊かな町人の間でも普及し、また、京だけでなく、広く地方に普及した。中には、美麗な奈良絵本に仕立てられたものもある。これらの物語は、王朝の物語とも戦記物語とも異なり、庶民の生活に密着しながらも、奇想天外な発想で夢や願望を描き出し、人々に娯楽を提供するとともに、生きる力や倫理観、また神仏への信仰心を養うことになった。人々の生活がそれだけ豊かになり、支配階級だけでなく、一般の人々もまた自らの生き方を主体的に考えられるようになった時代を反映している。そのことは、能に対する狂言の庶民性や批判的精神にもうかがうことができる。また、説経節もこの頃から江戸初期に流行し、『さんせう太夫』『小栗判官』『かるかや』など、人々に感銘を与えた。

ここでは御伽草子の一例として、『文正《ぶんしょう》さうし』を見てみよう。常陸国の鹿島大明神の大宮司に仕えていた文太という雑色《ぞうしき》が、大宮司から解雇され、行き着いた先で塩焼きの仕事を真面目にするうちに金が儲かり長者となって、文正常岡と名乗った。子供がいなかったので、鹿島大明神に願をかけたところ、二人の娘を授かった。噂を聞いた都の二位の中将は商人に身をやつして文正を訪れ、姉娘と結ばれる。都に帰ると帝が聞きつけて妹娘は女御となって皇子を産み、文正は宰相になったという。これは庶民の出世譚のめでたい話であるが、その中に勤勉の徳や神仏への信心による功徳が説かれている。また、娘たちが自分の意志で望まない結婚を拒否するなど、限定的ながら女性の地位の向上が見られる。

御伽草子の中で、本地物と言われる一群の物語は、神仏の由来を自由な発想で説き、新たな神仏観の形成をうかがわせる。例えば、『熊野の本地』がよく知られている。天竺の摩訶陀国《まかだこく》で善財王の五衰殿《ごすいでん》の女御が王子を産んだが、他の后たちの嫉妬から首を斬られた。しかし、乳房からは乳が出続けて、王子は成長した。王と王子と女御は日本に飛来して熊野の神となった、という話である。この話は、苦難を経ることで神になる「苦しむ神」として知られるが、御伽草子の中には、『物くさ太郎』のように、苦難を経るのではなく、富貴で長生きをした幸福者が神となる例もある。神の観念が少しずつ変わりつつあることが知られる

第七章　安定社会の構築——江戸初期

1　新しい秩序を目指して

徳川の平和

徳川家康が江戸に入ったのは一五九〇年であった。秀吉は小田原の北条氏を滅ぼした後、家康をそれまでの駿河や三河から関東に移した。家康の強大化を恐れたと考えられるが、家康はそれを好機に江戸に拠点を置いて着々と勢力を築き、関ヶ原の戦い（一六〇〇）を経て征夷大将軍となり（一六〇三）、大坂の陣（一六一四、一五）で豊臣を滅ぼして、天下を統一した。元和《げんな》偃武《えんぶ》と言われる平和の達成であり、その後二世紀半に亙り、徳川の平和《パックス・トクガワーナ》が続く。家康・秀忠・家光の三代約五十年は、長期政権の土台作りの時代であった。各地の大名・朝廷・寺院という対抗しうる勢力を武力で抑え込み、「公儀」の「御威光」を振りかざし、各種の法度によって法治主義の原則を貫く。それによって、誰も反対できない強力な支配体制を築き上げた。幕藩体制と言われるように、幕府は必ずしも絶対的な中央集権制を採らず、各藩の自治を基盤としながらも、将軍は大名の上に立ち、強い支配権を握ることになった。

このような体制は、一見すると「中世」とまったく異なる「近世」として、大きな断絶があるようだが、それでもなお大伝統の枠組みで理解できる。従来、江戸期は世俗化の時代と見られ、神仏の超越的な力が弱まると考えられてきたが、実際には初期の天海から始まり、幕末には復古神道が維新の原動力になるなど、神仏は国を動かす大きな力となっている。ただ、世俗化が進むのも事実であり、神仏の力は世俗倫理と密接に絡んで展開する。また、朝廷の力が弱められても、その機能がなくなるわけではない。神仏と王権の緊張、及び王権の中の重層という大伝統の原則は生き続けている。

朝廷との関係をもう少し見てみよう。『禁中並公家諸法度』（一六一五）を制定し、紫衣《しえ》事件（一六二九）によって、朝廷が幕府の許可なしに沢庵《たくあん》らに紫衣を許したことを咎めることにより、幕府の朝廷に対する支配が確立したとされる。確かにその通りではあるが、同時に朝廷を武力でつぶさなかったことにも注意しなければならない。それでは、朝廷はどういう役割を果たしたのか。『禁中並公家諸法度』の第一条は、天皇のなすべきこととして、学問と和歌を挙げるが、それは必ずしも天皇を閑事に閉じ込めることではなく、太平を致す政治の根本を学び、日本の伝統の習俗を伝える役割を与えている。日本の伝統は朝廷を中核とする公家集団によって維持され、それは何よりも細かい儀礼規定である有職故実からなるものであった。将軍や大名が与えられる朝廷の位階は、彼らがその伝統の秩序の中に位置づけられることを示す。それは、武士の政権が戦時の暴力ではなく、平和時の文明社会を維持するために不可欠であった。こうして朝廷の権威が継続することは、やがて幕府の弱点となり、討幕に至るのである。

「武士道」の成立

東アジアの近世ということがしばしば言われる。確かに儒教が重視されることなど、東アジアの共通点はあるが、日本では儒教が正統視されるのは江戸後期であるし、最後まで葬儀などの儀礼は儒教ではなく、仏教が担当した。また、科挙によって採用された官僚が政治の実務を担うという能力本位の体制はついに確立せず、武人の階級としての武士がそのまま支配者集団となった。その点で、東アジアの中でも特異である。

もともと武人、戦士であった武士が長期的に平和な時代に政治的な支配をすることが可能かどうか。戦国時代ならば、武力で決着をつけられただろうが、平和な時代の官僚の役割を果たし得るであろうか。そうでありながら、いざというときは武人としての力も発揮しなければならない。文武両道の実力が要請される。しかも、武士は生産階級である農民に依存する不労階級でありながら、貨幣経済はますます進展する。武士は数ばかり多くても厄介者になりかねない。家の維持が至上視される中で、武士の生き方ははなはだ困難を背負わなければならなかった。このことは、将軍家、大名から家臣や御家人にまでに共通する問題であった。『武家諸法度』(一六一五)は大名を対象としたものであるが、その第一条は、「文武弓馬の道、専ら相嗜《あいたしな》むべき事」であり、文武両道が謳われるが、個々の条目に至ると、参勤交代の義務をはじめ、種々の厳しい制約に縛られることになる。

その中で、次第に儒教が武士の倫理のモデルとして学ばれるようになっていくが、もともと武人としてのあり方が根底にある以上、儒教の徳治主義や仁の精神に収まりきらない独自の生き方が求められる。それが武士道と呼ばれるものに結実するとともに、次第に様式化し、公家と異なる儀礼作法が武家故実として確立していく。江戸初期には、武士のモデルを求めて『太平記』が流行し、『太平記評判秘伝理尽鈔《りじんしょう》』のような注釈書も作られ、政治の世界にも活用された。『太平記』を講釈する「太平記読み」は武士から町人の間にまで人気を呼んだ。

さらに時代が近い戦国期の大名の生き方や思想もまた、江戸期の武士のモデルとして引き継がれていく。「武士道」の語を初めて用いたのは『甲陽軍鑑《こうようぐんかん》』である。本書は甲州武田氏の興亡を家臣の目から見たものであるが、最終的にまとめられたのは、江戸期に入ってからである。武田信玄を理想化し、戦場で優れた軍略家であると同時に、常に家臣や領民への配慮を怠らない信玄と、忠実で賢明なその家臣たちの姿を描き出している。鍋島藩士山本常朝《じょうちょう》の聞書で、武士道の代表のように言われる『葉隠《はがくれ》』（一七一六頃）は、すでに武士がすっかり官僚化して、戦士として生死を賭ける緊張が意味をなさなくなった時代の産物である。「武士道といふは、死ぬことと見付けたり」という有名な文句は、そのような時代の中で、武士のアイデンティティを武人としての原点に戻って確認したものと見ることができる。

世界史の転換と鎖国

徳川幕府が成立する十六世紀末から十七世紀はじめは、世界史的に見ても歴史の大きな変革期であった。中国は北方の女真族（後の満州族）のヌルハチ（太祖）が、一六一六年に清のもととなる後金を建国して次第に勢力を強め、一六四四年に内紛で崩壊した明の後を承けて、北京を首都として中国を統一した。明の残党は南方で戦ったが、最後は台湾に籠った鄭《てい》氏が屈服した（一六八三）。清は多民族国家であり、皇帝はそれぞれの民族に向けて異なる相貌を持つことで、巧みに統合を成し遂げた。その版図は今日の中国にほぼ一致し、そのもととも言える。

東アジアの変化の背後に、さらにヨーロッパの変化がある。いちはやくカトリックの布教と手を組んで世界制覇に乗り出したスペインとポルトガルを追って、オランダとイギリスもアジアに触手を伸ばしてくる。家康は当初キリスト教布教には目をつぶり、朱印船貿易の活発化を図り、豪商たちの派遣した朱印船は東南アジアの各地に活発に展開した。しかし、リーフデ号で漂着したオランダ人ヤン・ヨーステンやイギリス人ウィリアム・アダムズ(三浦按針《あんじん》)を家康が外交顧問として、次第に布教と侵略を一体化させたスペインやポルトガルに疑念を持つようになった。

伴天連追放令(一六一四)以後、キリシタンへの禁圧を次第に強めていくが、その過程で秀吉の「神国」論が継承され、日本は神国であって、神仏に守られているから、新たな「邪教」は不要だという議論が定着していく。最終的に家光時代に島原の乱(一六三七―三八)をはさみながら、禁教と自由な海外貿易の禁止が強化され、いわゆる「鎖国」が完成する(一六三九)。このように、宗教問題と貿易問題が密接に絡み、そこに侵略や反乱への懸念が重なることで、最終的な方向が決定された。そこでは最大の問題は宗教問題であり、キリシタン禁制を徹底する中で、幕府の強力な支配が確立することになるのである。

なお、「鎖国」という言葉は、ケンペルの『日本誌』の一部を蘭学者志筑忠雄《しづきただお》が『鎖国論』(一八〇一)として翻訳したことに由来する。それがやがて、攘夷か開国かの激しい議論へと展開することになる。ただし、実際には清なども貿易統制を行っており、日本だけの突出した問題ではない。また、国を完全に閉鎖したわけではなく、海外交流を長崎に集約し一元化して幕府が統制したと見るのが適切とされる。その際、オランダ貿易のみが注目されるが、実際には清との関係がより密接であり、文化的にも影響が大きい。明末の中国からは高僧隠元隆琦《いんげんりゅうき》が来日し、将軍家綱にも謁見し、宇治に万福寺を創建して黄檗宗《おうばくしゅう》を開いた(一六六一)。隠元は単に仏教と言うだけ

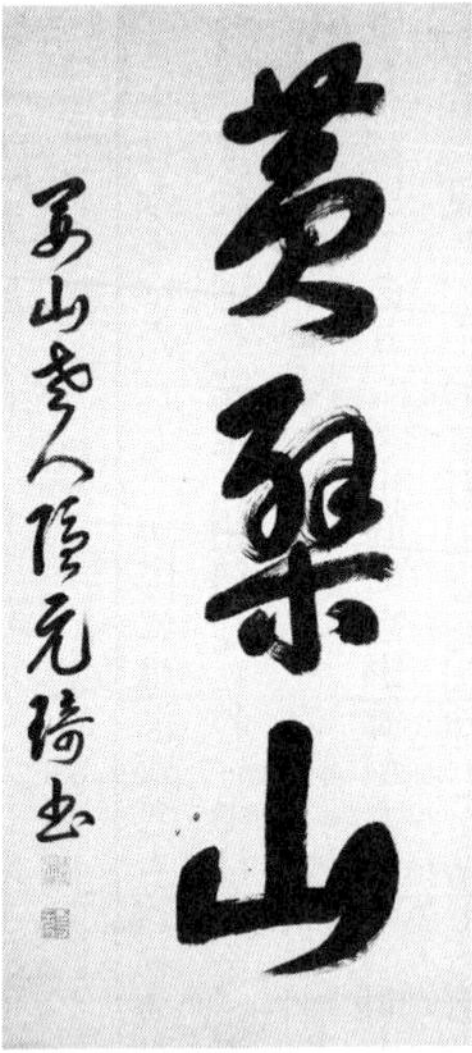

図13　隠元墨蹟「黄檗山」

でなく、新しい中国文化の伝来者として美術・喫茶などの文化の諸分野にまで絶大な影響を与えた。大勢の門下を育てたが、鉄眼《てつげん》道光《どうこう》による黄檗版（鉄眼版）大蔵経の出版（一六七八完成）はとりわけ影響が大きかった。また、通信使による朝鮮との交流も、対馬の宗氏を媒介に江戸期を通して行われた。

2　神仏儒の時代

イデオロギーとしての神仏

家康の最高の政治顧問は以心崇伝と天海という二人の仏教者であった。崇伝は建長寺・南禅寺の住職から家康の政治顧問となり（一六〇八）、諸法度をはじめとする法制度の整備や、朱印船貿易・キリシタン禁圧など外交・宗教政策のすべてを主導した。室町・戦国期の五山は東アジアの情勢に通じ、外交のシンクタンクの役割を果たしていたが、崇伝は国内政治にもその手腕を発揮した。その政策には仏教色は薄いように見えるが、キリシタンや仏教諸宗派の対策が最大の課題であった中で、その事情に通じた仏教者崇伝でなければ適切に対応できなかったであろう。

実際、キリシタン対策に関して、仏教の果たした役割は大きかった。儒教が理論的に未整備なのに対して、キリスト教に対抗しうるのは仏教であった。島原の乱後の不安定な思想状況の中で、鈴木正三《しょうさん》の『破吉利支丹《はきりしたん》』（一六四二）や雪窓宗崔《せっそうそうさい》の『対治邪執論《たいじじゃしゅうろん》』（一六四八）は、所詮キリスト教は仏教の真似をしたものに過ぎないと、厳しく批判した。正三はまた、『万民徳用』で仏教の立場から四民の倫理を説き、『因果物語』『二人比丘尼』などの仮名草子で平易に仏教を説き、それがキリシタンと違って新しい体制と整合的であることを示そうとした。正三は寺檀制度に近いアイディアも持っていた。

しかし、キリシタンの禁圧は単なる理論的な問題というよりも、実際的な政治の場で徹底され、貫徹された。宗門改めから始まった宗旨人別帳《しゅうしにんべつちょう》は、隠れキリシタンの摘発という当初の目的から、次第に戸籍の役割を果たす点に重点が移され、幕府によるほぼ完全な住民の把握と統制を可能にした。それによって、寺院と檀家の関係を固定化する寺檀制度が確立し、仏教は国家制度の末端を担うことになったが、逆にそれによって仏教が国民の隅々にまで浸透し、共通の精神世界の基礎構造を作ることになった点も見逃せない。

崇伝に較べると、天海は家康個人の信仰と深く関わった。もともと徳川家と家臣の三河武士団は浄土宗の信仰に篤く、江戸開府に当たっては増上寺を菩提寺としたが、天海を知って天台宗にも関心を持つようになった。天海の前半生は不明であるが、晩年の家康の信頼を得て、家康の前での諸宗の御前論義により教学の振興を図り、秀忠・家光時代に幕府の新しい宗教体制を確立した。一つは上野の地を賜り寛永寺を建立して、増上寺と並ぶ徳川家の菩提寺とした。もう一つは東照宮の創建により、家康の神格化を天台の山王一実神道の形式で実現した。家康は「東照大権現」として最終的に日光に祀られ、徳川の政権を守護することになる。日光を管理する輪王寺《りんのう》は門跡寺院として宮家から住職を迎え、同時に寛永寺住職・天台座主を兼ねることで、延暦寺を超える権威となった。日光と寛永寺に護られる江戸は、比叡山に護られる京を超える日本の中心として位置づけられた。しかし、そこには弱点があった。東照宮が天台教学によって権威づけられるとしても、それはアマテラス－天皇という国家の神話的系譜の中に位置づけられないために、仏教の権威が落ちれば、その根拠づけを失うことになる。そして実際、幕末の尊王論の高まりの中で、東照宮は幕府を十分に支える論拠となりえなかったのである。

儒教の形成と儒仏論争

家康は主として崇伝や天海を重用したが、他方で朱子学者林羅山《はやしらざん》もまた幕府に登用された。学問好きの家康は治世の学としての儒教にも関心を寄せ、羅山は二十三歳ではじめてお目見えして後、二十五歳の時（一六〇七）に正式に登用された。しかし、剃髪した僧侶としての待遇であった。そもそも新しい儒教は博士家の儒教ではなく、五山の禅寺で学ばれ、そこから独立することによって出発していた。江戸初期に儒者として活躍する藤原惺窩《せいか》・林羅山・山崎闇斎は、いずれも京都の禅寺で学んでいる。禅寺を離れた儒者は幕府や諸藩に仕官するか、または市井で講学することによって身を立てることになる。

世俗化の広がる時代の中で、儒教は現世での秩序や倫理を説くものとして、次第に評価を高めてゆく。惺窩や羅山は朱子学の立場を取ったが、限定された朱子学というよりも、仏教に対抗する儒教としての意識が強かった。もともと朱子学は理気二元説を採り、多様で無秩序化する気を理によって統制し、秩序化するという原則に立っていた。そこでは、人間世界の倫理は自然界の法則と並行的であり、自己探求と自然界の法則探究がともに重視された。日本での初期の儒教の受容においては、社会倫理の確立とそれに基づく政治的安定という点が、まずクローズアップされることになった。

もっとも仏教側も世俗倫理を基礎づける理論を持たないわけではなかった。それは三世の因果説であり、善悪の行為は来世に反映されるというものである。羅山は友人の松永貞徳《ていとく》と『儒仏問答』を交わしている。貞徳は俳人として知られ、不受不施の日蓮宗の信者だった。その際の大きな論点は、貞徳が三世の因果を説くのに対して、羅山がそれを否定して世界内の変化を「理」として説いたことにある。同じような議論は当時さまざまな形で交わされたようであり、仮名草子の『清水物語《きよみず》』（朝山意林庵《あさやまいりんあん》、一六三八）や『見ぬ京物語』（作者不詳、一六五九）にも、同様の儒仏の争いが記されている。前者は仏教を批判した現世主義的な立場、後者は儒仏一致的な立場を取っている。この時代の仏教側が三世因果説を前面に押し出していたことは、鈴木正三の『因果物語』が評判を取ったことからも知られる。

三世因果説を認めるか否かは、倫理の基礎づけという点だけでなく、超常的な現象を認めるか、それともあくまで現世一元論に立つかという世界観の問題にも関わる。一見すると、世俗化の進展の中で、現世一元論が強まるように見えるが、単純にその一方向へと向かうわけではない。死後の霊魂（鬼神《きしん》）の存在をめぐる論争（鬼神論）は、江戸中期の儒者による否定的な論調を経て、やがて平田篤胤《あつたね》の出現で、再び今度は鬼神を認め、現世主義に対する批判がなされることになる。もともと儒教にも祖先崇拝という形での来世論はあるが、徳川幕府はその機能を仏教に任せ、基本的には儒教式の葬祭を禁止する。儒教は葬祭の「礼」を欠くことで、定着という点で仏教に及ばないことになる。近代になって仏教教団が維持されたのに対して、儒教が組織としては残らなかった一つの理由はここにあるだろう。

儒教は華夷思想に基づき、中国を文明国として、その周縁の地域は野蛮とされる。日本もまた東方の野蛮国（東夷）である。それに対して、日本型華夷思想とも言うべき日本中心論は中世の神国論にすでに見られていた。それが、キリスト教への対抗から改めて日本を神国として捉え直すことになった。その際、当初は神国を実質的に支えるのは仏教だったが、儒教がそれに代わって名乗りを上げる。儒教はそれを二つのやり方で推し進める。一つは神道の再解釈であり、もう一つは歴史の捉え直しである。

羅山においてはその二つは密接に絡んでいる。羅山は儒教の合理主義に基づいて、日本神話と歴史を再解釈する。『神道伝授』（一六四四）において、羅山は「理当心地神道」を主張する。神道の根本は心であり理である。神々の根源であるクニノトコタチは、根本の一心に他ならないと解される。太極に当る一心＝クニノトコタチが分化することで世界が形成される。日本神話はその展開を述べたものに他ならない。では、日本という国はどうなるのか。羅山は太伯《たいはく》（泰伯）皇祖説の立場を取る。太伯は、周の太王の長子であったが、弟に位を譲るために、南の夷狄の中に移ったとされる。それゆえ、日本には周王の血統がつながっているのであり、王朝が断絶した中国よりも優れているというのである。

羅山はその伝統を歴史として解明するために、幕府公認の歴史書の編纂を目指し、それは子の鵞峰《がほう》によって『本朝通鑑《ほんちょうつがん》』全三一〇巻として完成する（一六七〇）。徳川光圀が始めた『大日本史』

全三九七巻(一九〇六完成)は、それよりさらに儒教的な名分論の立場をはっきり打ち出したもので、後の尊王論に大きな影響を与えた。ちなみに、こうして書かれた歴史書では皇統の連続性が根本に置かれることになる。そうなると、幕府は朝廷を補佐し、朝廷から政権を任されたと解されなければならない。それならば、結局幕府は朝廷より下に位置することになってしまうのか。江戸初期にはまだこの問題は大きくは浮上しない。それが正面から議論されるようになるのは江戸中期になってからである。

十七世紀の儒家系神道と言えば、山崎闇斎の垂加《すいか》神道がもっとも名高いであろう。熱烈な朱子信奉者であった闇斎は、朱子学的な理を日本の神話に読み込もうとする。その点では羅山と近いところもあるが、羅山がそれによって神話を合理化しようとするのに対して、闇斎は朱子学的な君臣の倫理を読み込んだ。そこから会津の保科正之《ほしなまさゆき》はじめ武士階層に受容され、後の尊王思想の一つの源泉となった。また、吉川惟足《よしかわこれたり》から秘伝を受けて、独自の神人一体説を展開させた。垂加というのは惟足から受けた霊社号である。こうした神人観は、人が神となるという発想が次第に一般化していく一つの源泉となるものと考えられる。

このように、儒教を日本的に変容させていく方向が進むが、日本中心主義を明確にして、日本こそ「中国」だと主張したのが山鹿素行《やまがそこう》の『中朝事実』(一六六九)であった。日本は世界の中心にあり、その皇統は神代から連続して途絶えることがないというのである。ここでも皇統の一貫性がクローズアップされる。このような問題を次代に残しながら、日本型華夷論が次第に定着していくことになる。

3　多元化する倫理と文化

生き方の探究

戦乱が終わり、平和な生活が戻り、新しい秩序が形成される中で、ようやく本格的にいかに生きるかということが問題となってくる。政治の駆け引きでもなく、かといって世俗を超越してしまうのでもなく、日々の世俗の生活の場に定着しながら、しかし、ただ漫然と生きるのではないとすれば、どうすればよいのか。それは、人間とは本来何ものかという、より根本的な問いと結びつく。士農工商という身分を前提とするのではなく、人間の本質に根ざしたあり方はどのようなものか。それを普遍的な原理の場から考え直していくということが、ようやく可能になってきた。それは、聖典として与えられたものを注釈書通りではなく、自分の問題意識から読み直していく作業であり、同時にそれを実際の生活の中でどのように生かしていくかという二重の問題に対して、借り物でない自分なりの解決を示すことが求められる。

そのような根本的な問題に、最初に挑んだのが中江《なかえ》藤樹《とうじゅ》であった。藤樹は伊予大洲藩に仕えていたが、母への孝行を理由に脱藩して近江に戻り、私塾を開いた。朱子学から陽明学に立場を移していく中で、四十一歳で早逝したが、その著『翁問答』(一六四一)には、孝を原点とした独自の思想が展開されている。孝は単に親に対する義務ではなく、天地の根本の太虚神明《たいきょしんめい》に則って生きることである。父母を愛敬することを他の人に及ぼしていくことで、天地万物にまで行きわたることになるという。生き方の根本を抽象的な原理ではなく、もっとも身近なところを出発点に取ることで、地に足の着いた実践が可能になる。しかも、それは生活レベルに留まるものではなく、孝は最終的には太虚皇上帝という人格的な最高原理に向けられることで普遍化する。藤樹はまた、仏教をも全面否定するのではなく、釈迦や達磨《だるま》は聖人より下の狂者(必ずしも否定的意味でない)だとして、その体系の中に包摂しようとした。

『論語』や『孟子』という儒教の聖典を根本から読み直し、納得のいく原理に拠ろうとしたのは、伊藤仁斎《じんさい》であった。町人出身の仁斎は、若い頃朱子学に傾倒し、その根本の精神を体得しようとして、精神的に行き詰まった。そこから立ち直る過程で、朱子の解釈を捨て、原典そのものに立ち帰るという古義学の方法を打ち立てた。儒教で根本とされる仁の奥に、さらに「愛」という原理を読み取る。そのもとは『論語』に出るが、仁斎は五倫五常のような倫理的な行為もすべて根底に愛がないならば成り立たないという。愛とは、倫理として発現するよりもっと根本にある形づけられないものである。それならば、それは朱子学的な「理」なのか。仁斎はそれを否定する。仁斎は、理ではなく、気が根本だという。気は自然に湧き上がってくるエネルギーのようなものである。他者との関わりの根本を、形式以前の自然の結びつきに求めていくところに、仁斎の卓見が見られる。

仏教側にも新しい動きが見られた。鈴木正三は曹洞宗に属しながら、宗派に捉われない独自の「二(仁)王禅」を唱えた。また、明から渡来した道者超元《どうしゃちょうげん》に師事した盤珪永琢《ばんけいようたく》は、もって生まれた不《ふ》生《しょう》の心のままでよいという「不生禅」を唱え、俗人にも多くの信奉者を得た。

貨幣経済と町人文化

十七世紀後半になると、ようやく社会は平和で安定してくる。生産性の向上は消費を刺激し、資本主義的な貨幣経済が急速に進展する。それに伴って、これまでの伝統を誇る京に対して、商人の町大坂が大発展する。江戸も成長しつつあったが、明暦《めいれき》の大火(一六五七)など、度重なる火事で、その度に復興し直さなければならなかった。商人たちのエネルギーは奔流のように迸り、貨幣を媒介とする物欲はどんどん肥大する。莫大な財を築いた成功者もいれば、どこかで道を間違えて没落した失敗者にも事欠かない。そこは、戦場から疎外された武士たちとは異なる新しい戦場であり、商人たちはその中で手探りしながら競争から這い上がり、成功者になろうとする。物欲とともに、性欲もまた幕府の統制下で、貨幣経済の中に巻き込まれてゆく。京の島原、大坂の新町、江戸の吉原をはじめ、各地の遊郭が整備され、女性は商品として並べられ、売買され、消費されるモノとなる。遊郭は閉ざされた異空間として外界と区切られ、現世にして現世と異なる祝祭世界が開かれる。

情報革命も大きく展開する。印刷出版はキリシタン版や朝鮮活字本に刺激され、江戸初期の古活字本の時代を経て、版木による木版印刷の形が定着し、京の出版業者から始まって次々と大規模な出版がなされる。実用書や娯楽書が大量に出回り、情報は素早く伝達されるようになる。ブロマイドのような美人画や、あけすけな春画が飛ぶように売れ、欲望を刺激する。性は淫靡に隠すべきものではなく、おおらかに謳歌される。

そのような時代の寵児となったのが井原西鶴であった。矢《や》数《かず》俳諧《はいかい》の名手を誇り、絶妙な語り口と量産を厭わない筆力から、『好色一代男』(一六八二)などの好色物、『日本永代蔵』(一六八八)などの町人物、『武道伝来記』(一六八七)などの武家物と、浮世草子の作品を次々と送り出した。西鶴の作品群は、極端な設定であっても巧みなアレンジでいかにもありそうな逸話に仕立て、深くは踏み込まずにルポのように矢継ぎ早に繰り出して飽きさせない。

他方、人形浄瑠璃の近松門左衛門は、時代物から世話物へと進み、『曽根崎心中』(一七〇三)に始まる心中物で当たりを取った。世間を沸かせた現実の心中をもとにしながら虚構の世界に誘い込み、貨幣経済社会の敗者である男性と、性の商品化の中で犠牲となる女性との濃密な死への道行を描き、周囲の人たちの人情をも織り込んで、熱い情念の世界へ誘い込む。「虚実の皮膜《ひまく》」とも言われるように、世間を賑わした心中の裏側をあたかも事実のように描き出し、事実以上の感動を呼ぶことに成功した。

同時代の松尾芭蕉は枯淡で芸術味の高い俳諧で名を高めたが、それも全国的に文化的な水準が高まり、滑稽味の多いこれまでの俳諧に飽き足らない層が増したことによる。江戸を拠点に蕉門と呼ばれる門人たちのネットワークは全国規模となり、芭蕉の旅の生活を支えた。

転換期としての元禄

元禄期(一六八八―一七〇三)は、こうした江戸初期の社会的安定が清新な文化を生み出したピークとなった。五代将軍綱吉の時である。幕府の基礎は三代将軍家光によって固められ、四代将軍家綱に継子がいなかったために、弟の館林藩主綱吉が着任した。綱吉は意欲満々であったが、側用人柳沢吉保《やなぎさわよしやす》を重用し、生類憐みの令や貨幣鋳悪のような悪政を進めたということで、後世の評判が悪い。しかし、その評価は多分に一方的である。生類憐みの令は、確かに極端化して弊害を生んだこともあったが、もともと仏教的な慈悲に基づく政策であり、孤児救済などのプラス面も見られた。柳沢吉保は文化人として名高く、儒者荻生徂徠を登用したり、古典学者で歌人の北村季吟《きぎん》を京都から呼ぶなど、江戸の文化水準を一気に向上させた。正室の曽雌《そし》定子《さだこ》は学芸に秀でいたほか、側室の正親町町子《まちこ》は擬古文の『松蔭日記《まつかげにっき》』で知られ、飯塚染子《そめこ》は禅に打ち込んで『故紙録《こしろく》』を遺した。このように、吉保のサロンは儒仏と古典や和歌など、豊かな文化的雰囲気に満ちていた。

こうして高揚した元禄文化の時期は、江戸期の大きな転換点となった。生産力の向上と経済発展は消費を増大するとともに、非生産者である武士の困窮につながった。この後幕府は度々の改革による消費抑制を図るが、それも次々と限界に突き当たっていく。それとともに、これまで幕政の方針に仏教が深く関わっていた時期から、実務性の強い儒教中心の時代へと移っていく。都市としての整備をひとまず終えた江戸は、将軍様のお膝元として新しい文化の中心地となる。武士・商人・職人などが住み分ける江戸は、伝統に縛られない自由闊達な文化を生み、とりわけ「いき(粋)」で「いなせ」な職人気質を理想とする庶民の文化に活気が生まれるようになる。

その元禄の終わりに近く、赤穂浪士の討ち入り事件(赤穂事件)が起こる(一七〇二)。赤穂藩主浅野長矩《ながのり》が江戸城で高家筆頭吉良義央《きらよしなか》に切りつけ、切腹となったことに対して、遺臣が吉良邸に押し入って、義央を討ち取った事件である。四十六士は切腹の処分を受けるが、裁定の段階から始まって、賛否さまざまな意見が飛び交うことになった。浪士たちを忠の立場から賛美する説、法治主義の立場から批判する説、遡って浅野の刃傷を批判する説、幕府の裁定を批判する説など、さまざまな議論がなされた。平和社会の中で、武士の倫理と政治が改めて問い直される事件であった。庶民の共感は浪士たちに集まり、人形浄瑠璃・歌舞伎で『仮名手本忠臣蔵』（一七四八）として人気を博し、義理と人情を絡ませた物語が、その後長く日本人に親しまれることになった。

第八章　思想の一斉開花――江戸中期

1　儒教的統治の具体策

幕政の改革と朝廷

幕府ができて百年、元禄文化の隆盛は同時に幕府創建当初の緊張が薄れ、放漫に流れることでもあった。幕府財政も行き詰まったところから、勘定奉行荻原重秀《おぎわらしげひで》は大胆に貨幣の金銀の含有率を落としてインフレ政策で乗り切ろうとしたが、その弊害も現われた。綱吉の没後、六代将軍となった家宣は、側近の間部詮房《まなべあきふさ》とともに儒者新井白石《はくせき》を登用して、改革を図った（一七〇九）。それは七代将軍家継にも引き継がれ、正徳《しょうとく》の治と呼ばれる。白石は荻原を失脚させて貨幣の質を上げ、デフレ政策に転じて経済を引き締めるとともに、儒教的な倫理観に基づき公正な制度の運用を図り、諸費用を削減し、朝鮮通信使の待遇の改善など、外交にも筋を通そうとした。

白石の改革は急激に従来の制度を変えるものだったので反発も強く、八代将軍吉宗によって退けられた(一七一六)。しかし、吉宗による享保《きょうほう》の改革も実質的には白石の方針を受け継ぐものだった。室鳩巣《むろきゅうそう》・荻生徂徠らを登用して儒教的な倫理観を核に、倹約と農業重視政策によって財政を立て直し、制度や裁判の公正化を図った。その後、田沼意次《たぬまおきつぐ》時代の重商主義的な反動を経て、松平定信の寛政の改革(一七八七)にも儒教的な理念が引き継がれた。その際には寛政異学の禁(一七九〇)によって、湯島聖堂での講義を朱子学に限り、湯島の学問所を林家《りんけ》から切り離して幕府直轄の昌平坂学問所《しょうへいざかがくもんじょ》(昌平黌《しょうへいこう》)として(一七九七)、教学の振興を図った。しかし、幕府体制の綻びは次第に大きくなっていった。

その間、朝廷の側はどうだっただろうか。後水尾《ごみずのお》や霊元《れいげん》は天皇・上皇と長く君臨し、幕府との軋轢がありながらも、安定した協調関係を築き、大嘗祭をはじめとする宮中行事も次第に復活した。しかし、その中で次第に幕府批判や尊王主義の主張が生まれるようになった。垂加神道を学んだ竹内式部《たけのうちしきぶ》による宝暦《ほうれき》事件(一七五八)、山県大弐《やまがただいに》らの明和《めいわ》事件(一七六七)など、幕府にとっても看過できない主張がなされるようになってきた。光格《こうかく》天皇の即位(一七七九)とともに、次第に朝廷側の強い主張が示され、しばしば幕府との対立が起こるようになった。その頂点は光格が父の典仁《すけひと》親王に太上《だいじょう》天皇の称号を贈ることを求めた尊号一件《そんごういっけん》(一七八九)であった。これは結局幕府側の拒否が通ったが、従来の幕府優位の協調関係が変わり、高まり行く尊王論の中で、次第に朝廷側の重みが増すことになった。

儒者の朝幕論

このように、江戸中期になると、仏教者に代わって儒者が政治に関わるようになった。神仏の世界との関わりよりも、世俗社会の秩序をどうするかが大きな問題となり、神仏と将軍の御威光だけでは対応しきれない現実の問題を捉え直す原理が必要とされた。政治哲学としての儒教が求められた所以《ゆえん》である。儒教の根本原理は天に求められ、それが世界の内在的な原理となる時、理と呼ばれる。それは本来普遍的な原則であり、文化や地域の差異によって変わるはずがない。ところが、それを日本に適用する時、大きな問題が生ずる。幕府を現実の政権とみて、それが天命によると解すれば明快だが、それだと朝廷の意味づけができなくなる。逆に神‐天皇の一貫性を原理に据えると、儒教の天＝理の原理が適用できなくなる。前章に触れた太伯皇祖説は一つの解答であるが、それでは日本は中国文明に従属することになる。江戸後期になると、天＝理の普遍性を犠牲にして、神‐天皇の一貫性に根本原理を置く国体論に連なる流れが主流になるが、中期の段階では、主要な儒者はこの問題を棚上げする形で、儒教的な政治原則を幕府の政策に反映させようとした。

新井白石は自伝『折《おり》たく柴《しば》の記』（一七一六序）で、朝鮮通信使の文書の書式の問題から天皇と将軍の関係を論じている。即ち、天皇を「日本天皇」、将軍を「日本国王」として、両者の関係を

「天」と「地（＝国）」の違いとして明確化し、将軍を朝鮮国王と同格と見た。天皇はそれを超える存在になる。天皇と将軍の関係は、歴史論である『読史余論《とくしよろん》』（一七一二）に詳しく論じられる。そこでは、頼朝時代から武家は朝家の「共主」となって「武家の代」となり、尊氏以後、朝家は「虚器」となって、天下はまったく「武家の代」になったという。つまり、天皇は形式上は上位であるが、実質的には武家の時代だということになる。天皇を棚上げすることで、実際の政権は将軍が担うことを明確化して、幕府の支配を合法化したのである。

荻生徂徠もまた、『政談《せいだん》』を将軍吉宗に献策したが、その基本は適切な制度による社会秩序の確立というところにある。徂徠は、その制度は天＝理によるものではなく、「古《いにしえ》の聖人」が制定したものだと考える。聖人の作った制度は確かに普遍性な実用性があり、有効性が大きい。しかし、天＝理の必然性を持つわけではないから、天皇の存在よりも根底的というわけではない。天皇論は棚上げして論外に置き、あくまでも実際問題として武家の支配する社会の安定した制度の確立を目指すことができる。それでは、その具体策はどうなるのであろうか。その基本は上下の秩序を明確にすることであり、また農を中心として、武士もまた領地に戻り地域に密着すべきだという。ただ、上下の秩序に関して大きな問題点を指摘する。官位は朝廷から受けるもので、その点では将軍も諸侯も同等になってしまう。だから、世も末になって将軍の武威が衰えれば、朝廷のほうが本当の主人だと考える人も出るかもしれない。それゆえ、武家独自の官位秩序を作るべきだと指摘する。結局、それは実現できず、徂徠の不安は的中することになった。

世界に開かれる目

江戸期には、長崎（オランダ・中国）の他、対馬（朝鮮）、薩摩（琉球）、松前（アイヌ）という四つの口が外へ向けて開かれていたと言われる。そのうち、思想史として問題になるのは、まず朝鮮との関係である。何故ならば、江戸期に正式に国交を結んでいたのは朝鮮だけだからであった。そこで、両国ともに自国が上位にあることを示そうとして、文書の細かい表現や通信使の応対にまで注意が払われることになった。その間に立って、対馬藩は時には文書のすり替えなど、きわどい対応を取ることで、ようやく両者の平和が保たれた。そのような中で、徳川将軍がどのように表記されるかも大きな問題となり、上記のように、白石は「大君」から「国王」への書き換えを主張したのだった。白石と同じく木下順庵《きのしたじゅんあん》門下の雨森芳洲《あめのもりほうしゅう》は対馬藩の儒者として、優れた語学力を生かして交渉の第一線で両者の平和な交流のために尽した。

長崎における中国とオランダとの関係は、国家関係ではなかったが、貿易や新文化の流入という点で、大きな影響を与えた。とりわけ出島でのオランダとの交易は唯一西洋に開かれたルートであり、南蛮渡りの物品だけでなく、医学など、当時急速に進展しつつあった西洋科学の移入の窓口であり、その研究は蘭学として学術界をリードすることになった。中国語もオランダ語も世襲の通訳である通詞の語学力に頼るところが大きく、語学研究の必要性が認識されるようになった。荻生徂徠の中国語学重視もこうした前提があったから可能だったのである。

新井白石は、潜入した最後の宣教師であるイタリア人のシドッチを尋問し(一七〇九)、その様子を『西洋紀聞』に記し、そこから得られた世界地理の知識をもとに『采覧異言《さいらんいげん》』を著した。『西洋紀聞』には、キリスト教の教理や世界地理を詳しく尋ね、最新の知識を得ようとする白石の情熱が示されている。長崎の西川如見《じょけん》は天文・暦学などを学んだ上で、世界地理を『増補華夷通商考』(一七〇八)にまとめたが、そこには南北アメリカまで含めて、全世界を視野に収めて記している。鎖国によって日本人の視野は決して狭窄に陥っていたわけではなく、世界の状況への強い関心を持ち続けていた。

2　復古と革新

神話の再発見

儒者の政治論に対して、まったく別の原理に基づく政治論を展開して異彩を放ったのが、本居宣長であった。その説は紀州侯徳川治貞に献じた『玉くしげ』『秘本玉くしげ』(一七八七献上)に見られる。『玉くしげ』によれば、「まことの道」は普遍的ではあるが、他国では失われて、皇国

(日本)にのみ正しく伝わっているという。それは「神代の古伝説」である。天照大御神こそ万国の支配者であり、その血統がつながる皇国は「万国の元本大宗」であるから、異国の説を用いるなどもってのほかということになる。それならば、朝廷が政治を執るべきかというと、そうではない。「朝廷の御任《みよさし》によりて……大将軍家の、天下の御政をば、敷行はせ給ふ」と、朝廷からの委任により幕府が政治を行うというのである。これは大政委任論といわれるもので、この後松平定信などによって明確化され、それによって幕府の統治が正当化された。しかし逆に言えば、幕府がその任に堪えられなくなれば、大政を奉還すべきだという論に結びつく、時限爆弾のような論であった。

このような宣長の論は、『古事記伝』(一七六四―九八)に集大成される神話研究に基づくものであった。宣長以前の神話解釈としては、儒家系の解釈が主であり、例えば山崎闇斎は、神話を五行説によって解釈している。注目されるものとして、新井白石の解釈がある。白石は『古史通』(一七一六)において、『旧事本紀《くじほんぎ》』(聖徳太子撰と伝える歴史書)をもとに神代史を考察する。その基本的な態度は、「神とは人也」と見て、合理的な解釈を下そうとするところにある。そこから、中国や朝鮮と比較したり、もともとの神話の拠点を常陸を中心とする東国に見るなど、自国中心主義や皇統中心主義を排する特徴ある解釈を提示している。

それに対して、宣長はまったく逆に合理的解釈を徹底的に排し、『古事記』に書かれたままをそのまま事実として読み取ろうとする。それは、一方では契沖《けいちゅう》に始まる『万葉集』研究における古代の発見を継承しながら、他方では荻生徂徠の古文辞学の厳密なテキスト解釈学の影響を受けたものであった。宣長ははじめ、和歌や『源氏物語』の研究から出発し、とりわけ『源氏物語』に関して、そこに儒仏の教訓を読み込むことを批判し、道徳的な善悪を超えた「もののあはれ」こそ、『源氏物語』の根本の人間観だと主張した（『紫文要領《しぶんようりょう》』『源氏物語玉《たま》の小櫛《おぐし》』）。そこから時代を遡って『古事記』研究に進むことになった。そこでは、神（カミ）を「尋常《よのつね》ならずすぐれたる徳《こと》のありて、可畏《かしこ》き物」（『古事記伝』巻二）と定義して、従来の漢字の「神」に依存した解釈を一変させるなど、刮目すべき大きな成果が見られる。しかし、そこから日本にのみ「まことの道」が伝わり、それが皇統となっているという日本中心論との間には飛躍がある。その日本中心論が次の時代に大きく影響することになる。

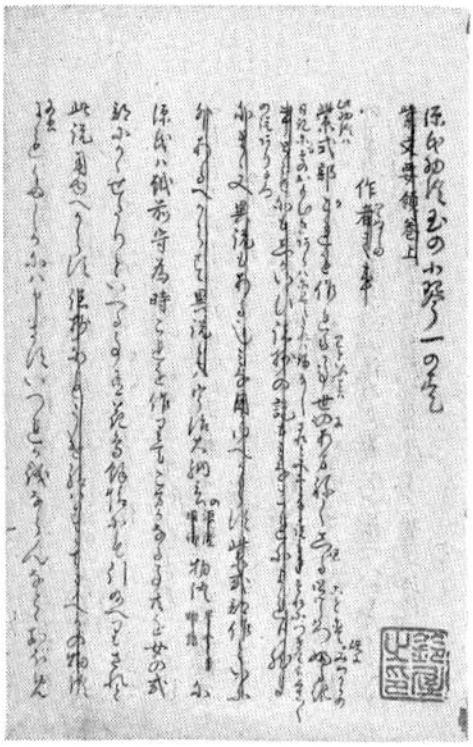

図14　本居宣長『紫文要領』(自筆本)より

仏陀への回帰

宣長は、伝統によって積み重ねられてきた古典解釈を否定し、新たに古典が書かれた原点に戻るという点で、伝統否定であった。伝統を否定することで、新しい伝統を発見する、あるいは創造するという逆説的な作業である。それは、徂徠が儒教の聖典を制定した中国古代の聖人に戻るという作業とパラレルである。同じことが仏教に関しても言われる。

かつては「近世仏教堕落論」と言われるように、近世の仏教は堕落して論ずる価値がないかのように考えられていた。しかし、近年の研究によれば、江戸期においても仏教は活発に活動し、社会的に大きな影響を与えていたことが明らかになっている。すでに見たように、江戸初期には政治的にも社会的影響力の点でも、儒教よりも大きな力を持っていた。中期になると、儒教が伸張し、また神道の影響も大きくなるが、仏教の役割は依然として続いた。とりわけ朝廷では、大嘗祭が途切れた期間も、密教的な方式に基づく即位灌頂は継続して行われた。また、皇位を継承できない皇子や皇女は出家して門跡寺院に入るのが常であった。

そのような王権との結びつきや、キリシタン対策、寺檀制度という政治的機能だけでなく、近世の思想としても仏教は大きな意味を持つものであった。とりわけ最新文化としての黄檗宗の伝来が与えた衝撃は大きかった。儒教や国学者などの排仏論が次第に盛んになる中で、仏教側は神仏儒一致的な立場を取ることで、その存在価値を示そうとした。三教一致を説いた『先代旧事本紀大成経《たいせいきょう》』の偽作には、黄檗宗の潮音道海《ちょうおんどうかい》が関わっていた。

儒教や国学が古典の読み直しや古代回帰を進める中で、仏教もまた伝統を継承するだけでなく、原点回帰による教団改革や新しい教理思想の形成へと動いていく。とりわけ仏教の再興を求める人たちは、まず戒律を復興し、本来のあるべき教団秩序の再構築から出発した。その中で注目されるのは、天台宗における霊空光謙《れいくうこうけん》らの安楽律《あんらくりつ》運動である。霊空らは最澄の採用した日本独自の大乗戒のみでは不十分として、中国で主流であった四分律の採用を主張して伝統派と争った。儒教や国学と異なり、仏教の復古運動は日本中心主義の脱却という逆方向を向くことになった。

この動向は、思想面における伝統主義の批判につながる。安楽律運動の霊空らは、中世の本覚思想の口伝主義の伝統を批判し、文献に基づき中国天台の正統的な教理に戻ることを主張した。徂徠らの古典解釈と同様に、仏教でも華厳宗の鳳潭僧濬《ほうたんそうしゅん》は伝統的な解釈に異を唱え、大きな論争となった。徳門普寂《とくもんふじゃく》や慈雲飲光《じうんおんこう》らは、従来小乗仏教として顧みられることのなかった初期仏教の理論や実践を再評価し、大乗優先の日本仏教の伝統に一石を投じた。真言宗の慈雲は独力でインドの梵語（サンスクリット語）の研究に着手し、少ない資料からインドの原典研究を進め、仏陀時代の正法に復帰する正法運動を興した。ただし晩年には神道研究に転じ、密教的な解釈に基づく雲伝《うんでん》神道を主張した。このように、江戸中期の仏教界は儒教や国学の動向と同時代的な新しい思想や実践を展開させ、それが近代の仏教研究の流れにつながることになった。

世俗と宗教

江戸期はしばしば世俗化の時代として特徴づけられる。生産力が向上して物質的な生活が豊かになり、貨幣経済が進展することで社会が複雑化して、世俗的、現世的な領域が大きくなった。また、教育が普及し、文化が大衆化して広い層にまで普及するようになった。世俗化はしばしばマックス・ウェーバーの言う「呪術からの解放」に結びつけられ、合理化・近代化の問題として論じられてきた。近年さすがにこうした単純な近代化論は影を潜めたが、世俗社会の拡張の中で人々の生き方も大きく変容する。その中で、どのような原則に従って生きたらよいのか、宗教や倫理のあり方が新たに問われるようになる。

世俗社会の倫理は、もともと儒教がもっとも得意とするところである。五倫(君臣の義・親子の親・夫婦の別・長幼の序・朋友の信)、五常(仁・義・礼・智・信)など、世俗的な倫理の原則を体系的に説いてきた。確かにそうした基本的な世俗倫理は社会全体に行きわたっていくが、必ずしも儒教として捉えられていたわけではない。儒教が体系的に受容されたのは、主として武士階級であり、一般庶民にまで儒教の聖典が教え込まれていたわけではない。むしろ世俗社会の中での生き方は仏教を媒介とする場合が多かった。仏教側も白隠慧鶴《はくいんえかく》のように仮名法語を用いて分かりやすい教えが工夫された。慈雲飲光は『十善法語《じゅうぜんほうご》』で十善戒をもとにした教えを広めた。近江商人の活動に真宗の教えが強い影響を与えていたことは、しばしば指摘される。

儒学者からは仏教排斥が強かったが、実際生活の場では、このように神仏儒が融合するような形態がふつうであった。そのことを顕著に示したのは、石田梅岩《ばいがん》の興した心学である。梅岩はもともと農民の出身であったが、京都の商人階層を中心に教えを広め、『都鄙《とひ》問答』(一七三九)などを著した。もともと江戸期の政治理念からすると、武士が農民に養われるという構造が基本であり、商人はいわば必要悪的なものとみなされて、正当な評価を得ていなかった。ところが実際には貨幣経済が発展することで、商人階級の重要性が増すことになった。そこで、商人の倫理の確立が必要となってきた。梅岩の教えはそれに対応するもので、自己の本性を悟ることを根底において、身の程をわきまえ、利己心を捨て倹約に努め、世のために役立つことを教えた。そのような態度を取ることで、社会の中で商人の役割を正当化した。

こうした社会的人間のあり方とともに、個人としての人間の生き方に指針を示したのが、貝原《かいばら》益軒《えきけん》であった。もと福岡藩士で儒者として活動したが、七十歳を過ぎた晩年、『大和本草《やまとほんぞう》』(一七〇九)で本草学を大成するとともに、『養生訓』(一七一三)で養生による長生術を説き、『和俗童子訓』(一七一〇)で小児教育を論じた。女性差別の典型として悪名高い『女大学』は、『和俗童子訓』の女子教育の部分に基づいている。

神道の側で、世俗化時代に対応したのは、増穂《ますほ》残口《ざんこう》であった。もともと日蓮宗の僧であったと言われるが、インド(仏)・中国(儒)と異なる日本人の生き方を講釈として面白おかしく説く俗神道家として人気を呼んだ。日本の古来の立場は、陰陽和合で男女が一体となるところにあるとして、男女平等を唱え、男女の愛を根本とする独自の神道説を唱えた。その著『艶道通鑑《えんどうつがん》』(一七一五）は艶書として読まれたために、その説は誤解されたところがあるが、このような見方は、宣長の「もののあはれ」論の恋愛重視にも通ずるところがあり、天皇論的な方向と別の日本的な発想への着眼として注目される。

3　学問と生活

言語・文献・思想

古代・中世から、漢籍をどのように読むかは、日本人にとって大問題であり、そこに訓読という方法が展開した。それは、外国語である中国語を翻訳せずに、そのまま日本語として読んでしまおうという、とんでもない方法である。もっとも日本だけというわけではなく、朝鮮でも似た方法が開拓されている。古典中国語（漢文）を共通の文章語とする東アジアの現象と言える。そのために、中世の親鸞や道元に見られるように、訓読による漢文と日本語のギャップを巧みに生かして、独自の思想を展開させるような場合も出てきた。近世になって、儒教典籍を新たに聖典として読み込む必要が生じたとき、中世までの仏典や博士家の訓読と異なる新しい訓読法が開拓された。しかし、訓読という方法自体は疑われなかった。

それに対して、初めて異議を唱えたのは荻生徂徠であった。徂徠は自らの学問方法を『学則』

（一七二七）としてまとめたが、その第一において、まさしくこの訓読の問題を取り上げた。徂徠によれば、訓読は言語の相違を無視するもので、それでは原文の意味を正しく理解することはできない。そこで、訓読を通さずに原文のまま中国語として読まなければいけないというのである。今日から見ればまっとうな主張であるが、当時としてはきわめて斬新で、思想界に与えた衝撃は大きかった。

宣長もその影響を大きく受けている。日本の古代文献の場合、『古事記』や『万葉集』では万葉仮名や独特の和風漢文で書かれているから、その読みの確定、古代日本語の文法の正確な理解が不可欠である。そこには契沖以来の国学の積み重ねがあり、その中で富士谷成章《ふじたになりあきら》のような自覚的な文法研究も始められていた。宣長の『古事記伝』の序論的な部分には、言語学的な問題が大きく扱われている。宣長の学問がまず文献学として評価されるのは、このような周到な学問手順を踏んでいるからである。

徂徠や宣長は、こうした厳密な手続きを踏んで、文献から古代の思想を汲みだそうとした。確かにそれによって所与の文献を解読し、その意図するところを理解することは格段に進展した。しかし、その内容をそのまま聖人の教えなり古の事実として受け取ることで、今度は文献と距離を取って批判的に読むことができないという問題が生じた。その点に関して画期的な方法を提出したのが、大坂の町人出身の若き天才学者富永仲基《とみながなかもと》であった。仲基は、思想発展の法則として

「加上《かじょう》」という説を提示した。ある思想は、その前の思想の上を行こうとして新しい説を唱え、それが順次積み重なって思想が発展していくというものである。現存する著作『出定後語《しゅつじょうこうご》』(一七四五)はそれを仏教経典に適用し、大乗経典は後代に釈迦の説に「加上」して作られたと主張した。これは、仏教経典をすべて釈迦の説法とする仏教の常識を覆すもので、その後大論争を呼び、近代の仏教学でも「大乗非仏説論」として議論されることになった。

科学から哲学へ

このように、江戸中期には従来の権威や常識にとらわれない大胆で自由な独創的思想家が出現するようになった。仲基の場合は純粋に人文科学と言えるが、江戸期には自然科学的な成果も積み重ねられた。中国に由来する学問も大きく発展し、そこに新たにオランダから入ってきた蘭学の新しい方法が導入されることになる。和算の吉田光由《みつよし》、天文・暦学の渋川春海《はるみ》・高橋至時《よしとき》、本草の貝原益軒・小野蘭山、地理学の伊能忠敬などが知られる。とりわけ医学の分野では、古典に回帰しながら独自の方法を用いる古方派《こほうは》(古医方派)が盛んになり、山脇東洋《やまわきとうよう》らが知られる。しかし、その限界から蘭学が注目されるようになった。杉田玄白らが苦闘の末に翻訳した『解体新書』(一七七四)の衝撃は大きいものがあった。

このように新しい自然科学が導入される中で、既成の流派に捉われず、まったく自由に独自の思想を展開させた独立思想家たちが現われた。富永仲基もその一人であるが、彼は大坂の町人たちが作った学問所懐徳堂《かいとくどう》の出身であった。懐徳堂は豪商たちが出資して、儒者三宅石庵《せきあん》を迎えて創設し（一七二四）、後に将軍吉宗の官許を得て発展した。

その懐徳堂出身のもう一人の独創的思想家が山片蟠桃《やまがたばんとう》であった。蟠桃は大坂の両替商の番頭として手腕を振るい、仙台藩の財政立て直しにも尽力した。このように有能な商人であったが、五十代になって大著『夢《ゆめ》ノ代《しろ》』を書き始め、死の前年（一八二〇）に完成させた。本書は天文から始まり、地理・神話・歴史から政治問題や仏教批判にまで及ぶ百科全書である。その基本的立場は、徹底的な合理主義であり、地動説を採用し、神話については、文字以前の伝承は論ずることができないとして宣長らを批判し、また、無鬼説を唱えて死後の存在を否定した。こうして唯物論と言ってよい独自の哲学体系を確立した。あたかも百科全書派などのフランス啓蒙主義者たちと通ずるところがある。ちなみに、近世には中村惕斎《てきさい》『訓蒙図彙《きんもうずい》』（一六六六）、寺島良安《りょうあん》『和漢三才図会』（一七一二）などの百科事典的な大著が出版されており、世界万物に関する知識がかなり広い層で共有されていたことが知られる。

この時代の独立した独創的な思想家として、三浦梅園《ばいえん》を逸することができない。梅園は豊後の一村医者として一生を終えたが、生涯をかけて『玄語《げんご》』をはじめとする著作に専念した。多数の円環の図とともに論述された著作は難解で、今日でもなお十分に解明しきれていないが、その根本の態度は、仏教や儒教のような人間の恣意によって自然を観ることを否定し、先入観を捨てて自然そのものの条理を探求することにある。科学的な視点に立つ自然哲学と言うことができる。その理論の中核は、陰陽説に基づいて二項対立的な要素が全体としての「一」となるという「反観合一」であり、時にヘーゲルの弁証法に較べられる。このように、江戸期には従来の伝統的な流派にとらわれない自由な思索が次第に生まれるようになってきた。成熟した社会の中で生まれた土着の近代思想とも言うべきものであり、今日改めて検討評価が必要である。

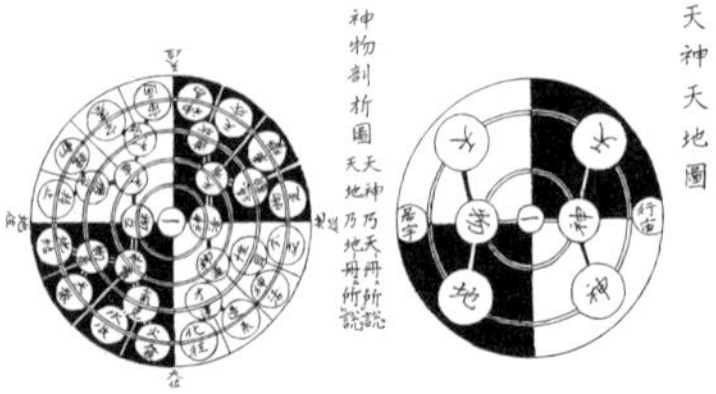

図 15　三浦梅園『玄語』より

農の思想

ともすれば、都市型の町人思想が注目されがちであるが、もともと江戸期の武士社会の理念は、武士が農村に依存するところにあり、それゆえ、士農工商の中で、農が高く位置づけられる。もっとも現実には、武士を養うための年貢負担が農民にかかってくるのだから、それだけ生活は苦しくなる。しかし、新田の開発や生産力の向上で、農民の中からもある程度経済的基盤を持った指導層が育つようになった。もっとも農民自身の思想の発言ということになると、きわめて限定されていた。

その中で、十七世紀の宮崎安貞の活動は注目される。安貞はもともと広島藩の武士の出身で、福岡藩に仕えたが、農業に深い関心を持ち、ついに自ら農耕に従事しながら、農民の指導に尽力した。その著『農業全書』（一六九七）は、明の『農政全書』に基づきながらも、農耕技術から始めて各種の農産物を詳しく紹介していて、その後の農学の基礎を築いた。

農を根底に置いて独創的な思想を築いたのは安藤昌益《しょうえき》であった。昌益は秋田出身で八戸で医師を業としながら、『自然真営道《しぜんしんえいどう》』『統道真伝《とうどうしんでん》』などの著作を著し、農を中心とした世界観を展開するとともに、現実に農民たちが災害や飢饉で悲惨な状態に置かれている状態を告発し、あるべき社会のあり方へと考察を進めた。昌益は五行説をもとに世界の生成変化を説き、天地（昌益は「転定」と表記する）から人倫・禽獣草木《きんじゅうそうぼく》に至るまで、一貫した活真のはたらきがあるという。その本来のはたらきを「直耕《ちょくこう》」と言う。これは文字通りに直接的な農耕活動であるが、人間だけでなく世界全体の本来的な生命のあり方を言う。その中で人倫も考えられるが、それは近世の多くの思想家たちが言うような身分秩序とはまったく逆である。すなわち、人間社会の階級的な差別を否定し、あらゆる人が等しく「直耕」に従事する社会を理想化するのである。こうして昌益の農本主義は日本ではまれな社会主義的な人間平等論へと向かう。昌益の没後、弟子たちの活動は続くが、あまりに時代に先駆けすぎた思想はやがて埋没して、近代になってからの再発見を待たなければならなかった。

昌益に較べると穏健で現実的な農の思想を展開したのが、十九世紀前半の二宮尊徳であった。尊徳は小田原藩に属する農家の出身であったが、勤勉と同時に計画的な農業によって没落した生家を建て直し、さらには小田原藩に関係する各地の農村の復興に力を尽した。尊徳は、自然の摂理である「天理」と、人間の作為である「人道」を区別しつつ、両者が協力する必要を説いた。神仏儒のいずれをも重んじ、私利私欲を捨てて勤勉に働くことを理想とする尊徳の報徳思想は、近代になって地域に根ざした保守的イデオロギーとして活用され、二宮金次郎(尊徳の幼名)像が各地の小学校に建立されるようになった。

農民たちは、過酷な年貢が課せられると、決して受け身で黙従していたわけではない。百姓一揆によって領主に対抗し、やがて幕末の世直し一揆に至ることになる。百姓一揆の話は物語化して流布し、とりわけ佐倉惣五郎《そうごろう》のように、伝説化して広く愛されるようになった。

第九章　ナショナリズムへの道――江戸後期

1　国難と王権

幕府の苦悩と朝廷

寛政の改革で引き締めを図ったものの、幕府の体制はもはや綻びを繕いきれない段階に至っていた。水野忠邦による天保《てんぽう》の改革（一八四一―四三）は、寛政の改革に倣って綱紀粛正と財政引き締めを図ったが十分な成果を上げることができなかった。国内的に社会的矛盾が激しくなったこととともに、海外からもまずロシアが来航し、その後アメリカ、イギリス、フランスなどの船も出没して開国を求めるようになった。そうなると、海防をどうするか、鎖国体制を維持できるかなどの大問題を抱え、従来の鎖国の方針を墨守するだけでは対処しきれなくなった。十九世紀中葉になると、アヘン戦争で清がイギリスに大敗して、屈辱的な南京条約を締結させられる事態となり（一八四二）、日本にも大きな衝撃を与え、危機感が募った。本来外交権は幕府が一元的に保持していたはずだったが、幕府だけでは対応できず、朝廷の意向をうかがわなければならなくなった。それとともに、大名たちの意見も割れ、幕府は大名たちの意向も問わなければならず、次第に弱体化した。

朝廷側も、光格天皇の頃から自己主張を強め、さまざまな儀礼の復活や御所の再建など、復古の機運が高まった。とりわけ注目されるのは、光格が没後、天皇号を付して「光格天皇」と称することが、幕府によっても承認されたことである(一八四一)。天皇と称された最後は村上天皇(九六七)であり、それ以後、正式には諡号《しごう》に天皇号は付されず、後桃園院のように院号が付されるのが慣例であった。院号は天皇に限らず、広く戒名に用いられていたから、その点では天皇は特別視される存在ではなかった。しかし、天皇号の復活によって、天皇は他の公家や武士と同格化されない特別の存在として認識されることになった。また、光格と次の仁孝《にんこう》までは泉涌寺《せんにゅうじ》に仏式の石塔を建てて祀っていたのが、孝明天皇になって泉涌寺域内ではあるが、御陵《ごりょう》(後月輪東《のちのつきのわのひがしの》山陵《みささぎ》)に祀ることになった。独自の御陵を建造する方式は明治以後も踏襲される。こうして天皇を特別の存在として別格化する流れが定着していくことになった。

ペリーの来航(一八五三)によって、幕府はそれまで何とか曖昧にしてきた対応をもはやそれ以上引き延ばせない事態に追い込まれ、ついに日米和親条約を締結して(一八五四)、開国に舵を切った。公家側も武家側も開国派と攘夷派とで争うようになり、収拾がつかなくなり、安政の大獄

（一八五八―五九）と桜田門外の変（一八六〇）によって、両者の対立は決定的となった。それでも、幕府と朝廷の中核は、曲がりなりにも公武合体によって難局を乗り切ろうという現実主義的な方針を取り、その象徴として和宮《かずのみや》の将軍家茂《いえもち》への降嫁《こうか》が実現した（一八六二）。しかし、攘夷派の公家が長州藩と結びついて過激化し、ついに大政奉還から王政復古へと雪崩を打って推移することになった（一八六七）。

国体の模索

尊王攘夷がどれだけ思想的に確立したものだったかというと、はなはだ疑問である。天皇の権威が高まり、尊王主義が広く見られるようになるのは間違いないが、そのことはただちに討幕には結びつかない。むしろ皇国を護るのは幕府の役割だとする思想のほうが、幕末に至るまで主流であった。江戸初期から皇統の一貫性への着目がなされ、そこに日本の優越性を見る視点は成立していた。それとともに、現実問題として朝廷には実質的な政治機構がなかったのだから、政治を執るのは幕府だという大政委任的な発想は多くの思想家に共通していた。ただ、幕府にはそれ自体として存在根拠がないところに決定的な弱みがあり、結局最後は意外にもろく崩壊することになった。

例えば、幕末のベストセラーとなった頼山陽《らいさんよう》の『日本外史《にほんがいし》』（一八二七）は、平氏の時代から筆を起こし、端的な論賛を加えて武士の時代を小気味よく論じていく。それはほとんど白石の『読史余論』を踏襲するかのようである。その最後は徳川氏について、「嗚呼《ああ》。これ其《そ》の長く天下を有《たも》ち、以て今日の盛業を基《もとい》する所以《ゆえん》なるか」という賛美で終わっている。一見明快だが、そう単純にいかないところがある。山陽はあくまでも朝廷中心の立場に立ち、楠木正成を賛美して、足利氏を批判する。義満に関する評価では、はっきりと白石を批判する。それゆえ、その論法で行けば、幕府が朝廷を護ることができなければ、存在する意味がないという討幕論へと向かう可能性を秘めている。朝廷に関しては、中国のように王朝が交替する易姓革命はないが、それを護る武士の政権の側には興亡が認められるのである。

　後期水戸学者会沢安《やすし》（正志斎《せいしさい》）の『新論』（一八二五）も同じ頃に書かれたが、「国体」という問題を初めて正面に据えた点で画期的であった。天に由来する天胤《てんいん》が国を治め、臣下がそれを覆すことなく、君臣の義がきちんとしているというところを「国体」の根本とする理論は、決して何か狂信的な尊王論を説くわけではなく、むしろきわめて理詰めで冷静な分析に終始している。まず、儒教的な「天」と「天祖」を結びつけることで、儒教の普遍的な倫理を生かそうとする。そして、第二章以下は、当時の世界情勢を分析し、国家の危機にいかに対処すべきかが論じられる。長期的なプランとして、単なる一時的な防御ではなく、積極的な攻撃こそ必要とする。それによって夷狄を教化し、正しい秩序を作っていくというのである。会沢は礼の研究者として知られるが、同書でも礼の秩序の確立が重視される。その中核は死者を祀る祀礼である。それは、死者の問題を疎かにしてきた日本の儒教に対する批判であり、平田篤胤の復古神道にも共通する、この時代の課題であった。

同書もまた、幕府を否定しているわけではない。しかし、もはや国家を動かす主体が幕府である必要もない。要は正しい秩序を確立し、それを国内だけでなく、世界に向けて積極的に打って出ることで、かえって国難を克服し、日本を中心とした万国の秩序が得られる、と言うのである。これはまさしく明治の帝国日本が実際にしようとしたことではなかったか。会沢の目は、はるか未来の世界を見据えていた。

変革の思想

頼山陽も会沢安も幕末の志士たちに大きな影響を与えたが、彼ら自身が実際行動を行うというわけではなかったし、そもそも徳川の秩序を否定したわけではなかった。しかし、天保期になると、それこそ内患外憂で、国内的にも飢饉が続き、たびたび一揆が起こる情勢となっていた。その中で、幕府を震撼させたのは陽明学者大塩中斎《ちゅうさい》(平八郎)の蜂起(一八三七)であった。大塩はもともと大坂町奉行所与力で、キリシタンの摘発などに成果を上げていた。しかし、飢饉による人々の貧窮を見かねてついに蜂起する。その檄文は、「四海困窮すれば天禄《てんろく》永く絶え、小人《しょうじん》に国

図16　大塩平八郎の蜂起により炎上する大坂(『出潮引汐奸賊聞集記』より)

家を治めしめば災害並び至る」という『論語』『大学』の文句で書き始め、庶民の困窮にもかかわらず大坂の遊民が贅沢をして、幕府には何もできないと厳しく批判し、蜂起の正当性を訴えた。

陽明学は、朱子学の理の重視に対して、心即理と心の持ち方を重視し、知《ち》行合一《こうごういつ》を説く。大塩もまた、その著『洗心洞《せんしんどう》箚記《さっき》』において、「天は吾が心なり」と心を重視するが、その際、心を「虚」として理解する。「虚」であるからそれは自己の中に閉ざされず、万物と通じ合う。大塩が上からの支配の論理ではなく、困窮した庶民の心に共鳴することができたのは、このような「虚」なる心を澄ませたからであった。もともとの中国の陽明学は必ずしも社会的な実践を勧めたわけではないが、陽明学左派の李贄《りし》(卓吾《たくご》)のように激しく当時の儒教や学者たちを批判し、獄死した者もいた。それに対して日本の陽明学は、しばしばそれをさらに過激化し、実際のテロリズム的な行為に及ぶようになる。大塩はその先蹤であり、吉田松陰もまた、李卓吾の著書『焚書』に感激した一人だった。松陰はまた、『洗心洞箚記』も読んでいた。

松陰は、松下村塾《しょうかそんじゅく》で高杉晋作ら長州藩の討幕の志士たちを育てたことで知られるが、その行動は、海外密航を企てたり、老中間部詮勝《あきかつ》暗殺計画を練るなど、極端に走るところがあり、安政の大獄に連座して、斬首に処された(一八五九)。しかし、猛烈な読書家として知られ、陽明学や水戸学だけでなく、国学なども含めて幅広い素養を身に付けていた。『講孟余話《こうもうよわ》』は、野山獄《のやまごく》に囚われた時に同囚のために説き始めたもので、古典のテキストと強烈な実践志向とが緊張感をもって嚙み合っている。その中で、本邦では中国とは異なって日嗣《ひつぎ》(天皇)が変わることはないが、征夷大将軍は天皇の命ずることだから、その職にかなうものだけが就くことができると説いて(梁恵王下第八章)、討幕の可能性を認めている。松下村塾は武士以外の町人なども受け入れたが、そのような身分差の廃棄は高杉晋作の奇兵隊では実戦部隊の編成に適用され、従来の武士だけの国づくりと異なる方向が目指されることになった。

2　神道の躍動

復古神道と草莽の国学

かつて近世の思想が合理化、近代化の道をたどると考えられていた頃、平田篤胤は扱いに困る存在だった。宣長が近代の学問にも通じる合理的な文献学の方法を確立したのに、それを再び非合理的な信仰世界に逆戻りさせたということで、反動的なエピソードとして小さく扱われるだけであった。しかし、現実には篤胤とその門下の復古神道が明治維新に果たした役割の大きさは否定しようがない。かつての通説とは逆に、江戸中期には世俗化が進み、宗教的世界がやや背景に退くように見えるが、それは一時的なことに過ぎず、再び幕末には宗教的な機運が高まる。

そのことは篤胤自身が自覚していた。篤胤の最初の本格的な著作は『鬼神新論』（一八〇五完成）であり、そこでは、新井白石の『鬼神論』などの鬼神否定論を再批判して、鬼神の存在を主張している。鬼神は、死者の霊も天地の神々もあわせて指す言葉である。宣長は、死後はきたない黄泉《よみ》の国に行くだけで、悲しいけれどもどうしようもないと、解決を放棄している（『玉くしげ』など）。篤胤にとっては、その死後の問題こそがまず解決しなければならない根本問題であった。江戸初期に仏教側が三世の因果説を主張して儒教と対峙したのが、今度は神道の側が新たに死後の霊魂を問題とするようになったのである。このような霊魂論は、やがて神道式の葬儀である神葬祭の運動へと発展する。ちなみに、儒教系でも会沢安が提起したように、死者の霊をどう祀るかが大きな問題となっていた。第五章でも触れたように、忠臣楠木正成の霊を祀る神社の創設を求める運動は幕末から起こり、やがて明治に入って湊川神社が創建された（一八七二）。それが維新の功臣を祀る神社や靖国神社の創建につながっていくことになる。

篤胤の死者論は、死者が地下の黄泉の国に行ってしまって、この世界と無関係になるのではなく、この世界に死者の霊魂が留まり、生者と関係を持ち続けるという顕明と幽冥の一体性を説いたところに特徴がある(『霊能真柱《たまのみはしら》』)。このような霊魂観はその後の平田派で継承され、庶民の感覚に近いものがあったところから、復古神道の民間定着の大きな力となった。篤胤の説は、幽冥の世界は大国主が支配するとしていて、皇孫の支配する顕明の世界とセットとなる二元論である。それゆえ、篤胤の思想は直ちにアマテラス－天皇の一元論に立つ幕末の尊王攘夷論と一致するわけではない。

篤胤の弟子たちは、各地に草の根的な広がりを持つようになる。例えば、京の郊外の向日社《むこうしゃ》の神官の家に生まれた六人部《むとべ》是香《よしか》は、出雲の大国主の支配下の産須那《うぶすな》(産土)神がそれぞれの地域の人々の生存も死後も司ると見た(『産須那社古伝抄《うぶすなしゃこでんしょう》』)。このような説は、地域の神社の存在を意義づけるものであった。

幕末近くになると、平田派の神道家たちは一気に尊王攘夷に傾いていく。島崎藤村《とうそん》の『夜明け前』に生き生きと描かれているように、その運動は農村の名主階級の心を捉え、維新の草の根的な支持基盤となっていく。そして、それが近代に入っても、草の根の保守ナショナリズムを形成していくと考えられる。

維新政府の中核に入る大きな流れは津和野《つわの》藩の国学・神道であるが、藩主亀井茲監《これみ》のもとで藩校養老館からは西周《にしあまね》、森鷗外らも育っている。そこで神道を指導したのは大国隆正《おおくにたかまさ》で、篤胤に学びながらも独自の立場を打ち立てた。それまでの平田派の幽冥重視に対して、顕明の世界に重点を置き、西洋とも比較しながら日本こそもっとも優れた国であると説いた。その根拠を宝祚無窮《ほうそむきゅう》（いわゆる天壌無窮《てんじょう》）の神勅から天皇へのつながりに求めるなど（『本学挙要《ほんがくきょよう》』）、明治期の神道につながる基本的な思想が形成された。

庶民の信仰

時代を遡って江戸初期の元和・寛永の頃、江戸の佐久間という家に、竹という下女がいた。信心深く、従順で、慈悲に富んでいた。その頃、武蔵の国の乗蓮という行者が生身の大日如来を拝みたいと思って羽黒山に通ったところ、夢に江戸で竹という者を拝むようにとのお告げを得た。そこで、佐久間家を探し出して、竹を礼拝したという。彼女はお竹大日として評判になった（『於竹大日如来縁起絵巻』）。後に竹を祀る堂が羽黒山に作られ、江戸期を通じてしばしば江戸に出開帳を行ったという。この話からは、修験の行者を媒介として、江戸の町民と羽黒山の信仰が結びついていることが知られる。江戸期には平和が続き、交通が整備されたところから、講を結んでの霊地の参詣が盛んになった。それは信仰と同時に娯楽でもあった。そのコンダクターとなったのが、御師《おし》と呼ばれる人たちで、その信仰を広める役割も果たした。霊地は、伊勢などを除くと、富士・羽黒などの山岳信仰、山岳修験と深く結びついていた。

江戸では富士山信仰が盛んであり、葛飾北斎の富嶽百景などが有名である。江戸期の富士山信仰は、初期の角行藤仏《かくぎょうとうぶつ》に始まるとされるが、中期に食行身禄《じきぎょうみろく》が出て一気に広まった。食行は江戸で油売りをしながら富士山信仰を広め、富士山中で断食して亡くなった(一七三三)。そのような苦行的な山岳修行者でありながらも、その教えは世俗の生活に密着していたので、江戸の町民の支持を得た。その系統は幕末には小谷三志《こたにさんし》により、日常倫理を説く不二道《ふじどう》として信仰を集めた。西日本では、四国八十八箇所の巡礼が盛んになった。

庶民の間から起こる自然発生的な信仰行為として、天明飢饉のとき、京都の御所の周囲を数万人もの人が回って祈る千度参りが行われるようになった(一七八七)。光格天皇の時のことで、朝廷は幕府に困窮者の救済を申し入れた。天皇はイデオロギー抜きの不思議なカリスマ性を示していた。伊勢のお蔭参りも自然発生的に起こったものだが、かなり広域に見られた。他の旅と違って、伊勢参りは親や主人も止められず、道中も優遇されたので、しばしば流行的な集団参りが起こった。幕末には伊勢に限らず神社のお札が降ったというので「ええじゃないか」と歌い踊る大騒動が起こった(一八六七)。すでに幕府の統制が取れなくなった末期的な状態で、世直しを求める機運を醸成することになった。安政の大地震(一八五五)の後、大量に描かれた鯰絵《なまずえ》もこのような時代性を反映する。

こうした自然発生的な大衆的狂乱とは別に、明治になって教派神道とされるようなさまざまの宗教運動も出てきた。代表的なものは中山みきによって始められた天理教である。みきは地主の妻であったが、長男の足痛を直すために山伏の祈禱を受けた時に突然神がかりした（一八三八）。その後、天の神である「てんり（ん）おう（天理王命）」がたびたびみきの口を借りて教えを伝え、みきはそれを「おふでさき」という文章に記した。そこには、社会の不平等を解消し、親神の教えに従って陽気暮らしをするという、庶民に受け入れやすい教えで次第に信者を増やした。中山家の屋敷は「ぢば（地場）」として、聖地化された。このような宗教は、幕府の統制の緩みによって成長したが、明治になって新たに政府の統制が厳しくなる中で、みきも投獄されて苦しむことになった。

仏教者の対応

江戸後期に反仏教的な言説が強まる中で、仏教側が手をこまぬいていたわけではない。積極的に仏教の意義を説く新しい仏教者たちの活動が展開されるようになる。その一つは普門円通《ふもんえんつう》の梵暦《ぼんれき》運動である。明末清初の游子六《ゆうしろく》の『天経或問《てんけいわくもん》』が江戸中期に出版され、西洋の天文学が紹介され、地動説も普及した。すでに山片蟠桃が地動説を採用しているし、江戸後期になれば、司馬江漢《しばこうかん》らが地動説を広めた。その中で、円通はあえて仏典の説く須弥山説に基づいた世界観を積極的に採用して宣伝した。第三章で触れたように仏教の世界観によれば、須弥山はこの世界の中心に位置する山で、その周囲は七重の海と山脈に囲まれ、外海にある四つの大陸のうち、南閻浮提に

図17　須弥山儀

人間が住んでいるとする。円通はこのような須弥山世界説を採用して、『仏国暦象編《ぶっこくれきしょうへん》』に詳細に説くとともに、地球儀に対抗する精巧な須弥山儀を作成した。それゆえ、それは単なる新しい科学をわきまえない守旧的な粗雑の論ではなく、新しい科学を摂取した上で、対抗的な世界観として提示されたものであり、今日再評価されつつある。

もう一つの動向として、積極的に尊王攘夷の運動に関わっていく僧たちも現われた。とりわけ尊攘運動の中心となった長州は真宗の西本願寺系(本願寺派)が強い地で、そこを中心に月性《げっしょう》らの勤皇僧が活動し、吉田松陰などにも大きな影響を与えている。本願寺派では、三業惑乱《さんごうわくらん》の論争が起こり(一八〇一—〇六)、本山学林の功存《こうぞん》が「たすけたまえ」とたのむことの必要を説いたのに対して、安芸門徒たちが、それは自力主義だとして反発し、結局寺社奉行の裁定で功存らの説は否定された。それはその後の真宗の他力主義を決定づけることになった。

それとともに、幕末には真俗二《しんぞくに》諦《たい》説が進展するようになった。これは、真諦(宗教的世界、仏法)と俗諦(世俗的世界、王法)とが協調する必要を説くもので、もとは蓮如に遡る。そこから、俗諦としての国家の安定は、仏法にとっても必要というところから、月性らの活動が生まれることになった。月性は護国と護法を一体化して、大きな影響を与えた。

月性らの影響を受けて、大洲《おおず》鉄然《てつねん》は真武隊や護国団を組織して、武力で幕府側と戦い、維新の達成に重要な役割を果たした。明治初期に長州が政府の中心を占める中で、長州出身の本願寺派の鉄然や赤松連城《れんじょう》、島地《しまじ》黙雷《もくらい》らが宗門改革を進めるとともに、政府と密接な関係を保ちながら、国の宗教政策を左右する力を有するようになる。それゆえ、維新初期の宗教政策に関しては、神道界とともに、本願寺派の動向を無視することができない。

3　転換を求めて

爛熟する江戸文化

江戸期には出版業が大きく進展し、また寺子屋などによる識字教育も盛んになったため、中後期になると書物を媒介とする文字文化が普及した。多少の生活の余裕ができてきた庶民はさまざまな娯楽を求め、書物の世界もそれに応じて大衆化した。高価な書物を購入できない庶民は、貸本屋を利用し、貸本業も盛んになった。芝居、浮世絵なども大衆の娯楽として人気を誇った。情報を求める庶民には瓦版が対応した。それは、今日の情報社会、大衆文化社会を先取りするような状況と言ってよい。

文化の中心は、京・大坂から次第に江戸に移り、出版界も江戸の業者が京・大坂を凌駕するようになった。江戸の出版界を一気に引き上げた伝説的な業者が、蔦重こと蔦屋重三郎《つたやじゅうざぶろう》であった。田沼時代の自由な雰囲気の中で、浮世絵の喜多川歌麿《きたがわうたまろ》・東洲斎写楽《とうしゅうさいしゃらく》、黄表紙の山東京伝《さんとうきょうでん》、狂歌の大田南畝《おおたなんぽ》（四方赤良《よものあから》）らを擁し、江戸文化の隆盛を謳歌した。それに大きな打撃を与えたのが寛政の改革であり、倹約と儒教的倫理を正面に打ち出して、出版も厳しく取り締まった。政治批判や好色本を禁止し、見せしめに山東京伝が手鎖《てぐさり》に処せられた（一七九一）。その後も出版統制は続くが、その中で化政（文化文政）文化と呼ばれる江戸後期の文化が最高潮に達した。滝沢馬琴《ばきん》の『南総里見八犬伝』（一八一四―四二）、柳亭種彦《りゅうていたねひこ》の『偐紫《にせむらさき》田舎源氏』（一八二九―四二）のような長編が評判を取った。十返舎一九《じっぺんしゃいっく》の『東海道中膝栗毛』（一八〇二―一四）も、この時代を代表する。弥次さん、喜多さんの旅物語として親しまれているが、ハチャメチャな物語の中に、巧みに土地柄や風俗を描き込んで評判となった。

江戸の文化は「いき（粋）」「いなせ」「すい（粋）」などの言葉で代表される。それらは「野暮」の逆で、都会的に洗練され、軽妙で、瞬発的でありながら、まっすぐな心意気を曲げないことを特徴とする。商人よりも職人の気質に由来し、しばしば侠客《きょうかく》が理想化される。歴代の市川団十郎によって演じられた『助六』の花川戸助六（じつは曽我五郎）は「いき」を代表するもので、相方の揚巻《あげまき》もまた、京・大坂と異なる吉原の花魁《おいらん》の心意気を示している。表向きの政治・社会批判が封じられた中で、歌舞伎の世界は、次第に社会の裏側を執拗に描きだすようになる。鶴屋《つるや》南北《なんぼく》の

『東海道四谷怪談』(一八二五)は、ニヒルな悪役民谷伊右衛門と、虐げられながらも幽霊となって復讐する岩との緊迫したやり取りが、単純な勧善懲悪を超えて圧倒する。幕末になると、『三人吉三廓初買《さんにんきちさくるわのはつがい》』(一八六〇)のように、盗賊を主人公とした河竹黙阿弥《かわたけもくあみ》の白浪物《しらなみもの》が、不安で退嬰的な世相を反映して人気を取るようになった。

海外を見据えて

フィリップ・フランツ・フォン・シーボルトはドイツ人であったが、オランダ商館付きの医師として来日した(一八二三)。翌年には出島の外に鳴滝塾《なるたきじゅく》を開設することが許され、本格的な西洋医学を指導するようになり、高野長英《たかのちょうえい》らの弟子を育てた。また、商館長の江戸参府に随行して、江戸の蘭学者たちとも会見して、大きな影響を与えた。しかし、帰国時に禁制の日本地図を持ち出そうとしたことが発覚して、シーボルト事件に発展し(一八二八)、地図を渡した幕府天文方高橋景保《かげやす》が獄死するに至った。

シーボルトがスパイとしての役割を担っていたかどうかはともかく、帰国後、日本に関する総合百科全書的な大著『日本』を出版していることから知られるように、在日中に日本に関するあらゆる領域の資料を収集していた。それには、鳴滝塾の弟子たちや画家川原慶賀《かわはらけいが》なども協力している。それ以前には、やはり商館付きの医師として来日したドイツ人エンゲルベルト・ケンペルの『日本誌』が、日本に関する最大の情報源であったが、不正確なところも少なくなかった。シーボルトの著作は膨大な資料を科学者の目で冷静に整理して叙述し、地理・自然・植物から歴史・文化に至るまで、精度の高い情報を西洋にもたらすことになった。また、日本本土のみならず、蝦夷・南千島・樺太・朝鮮・琉球などの周辺地域に関する情報も含まれていた。

シーボルトの来日を契機に、西洋医学の水準はきわめて高度化し、緒方洪庵《こうあん》の適塾《てきじゅく》(一八三八創建)などに多くの医師が学んだ。しかし、個別科学だけでなく、西洋の情勢に関する正確な知識が積み重なる中で、危機感が強まり、幕府の政策にも意見を出したり、批判したりする学者が現われた。その中心となったのは、渡辺崋山《かざん》や高野長英であったが、蛮社の獄(一八三九)によって弾圧を受けた。その発端はモリソン号事件(一八三七)であった。米国船モリソン号は、日本の漂流民を保護して浦賀沖に現われたが、日本側は異国船打払令に基づいて砲撃を加えて撤退させた。それに対して、崋山は『慎機論《しんきろん》』、長英は『戊戌《ぼじゅつ》夢物語』を書いて、幕府を批判したために囚われることになった。崋山らは西洋の歴史や現状を的確に把握しており、その勢力が日本に迫っているのに対して、ただ旧来の鎖国政策を維持するだけでは済まないことを認識していた。しかし、それならば開国することで解決するのかどうか。そのあたりになると、必ずしも見通しが付いていたわけではなかった。幕府の側も暗中模索の中で、ついにペリーの来航を迎えることになった。

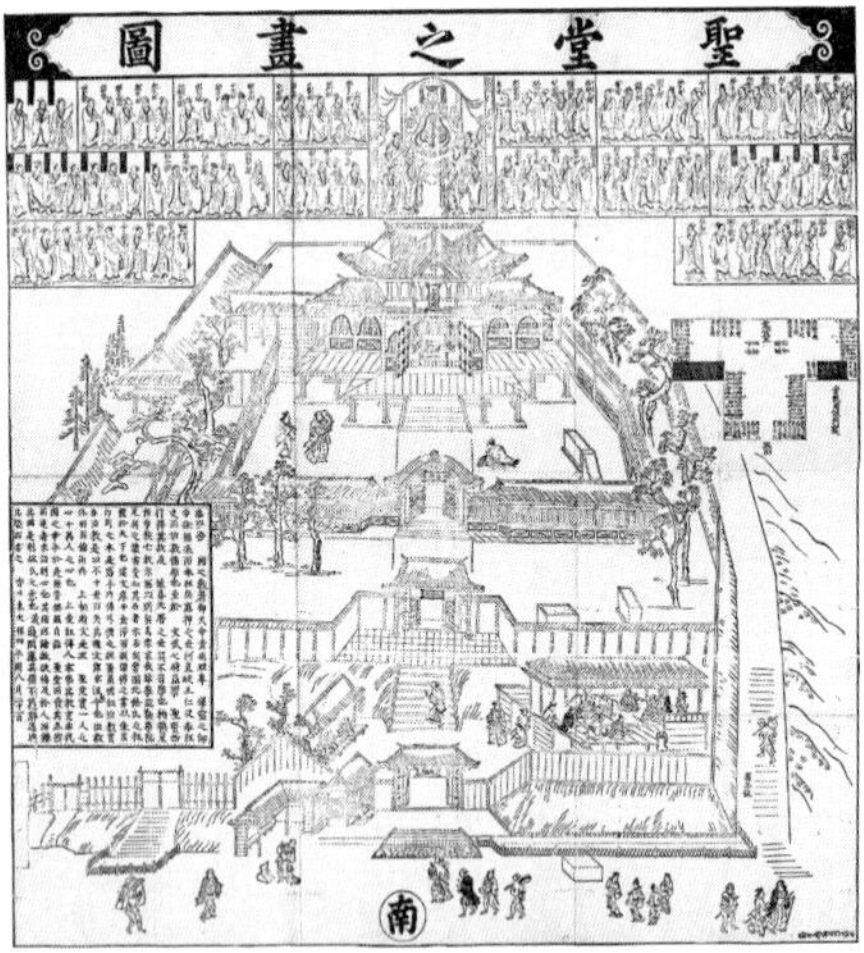

図 18　湯島聖堂（右下に昌平坂学問所がみえる）

近代国家の設計図

寛政の改革で林家から切り離された昌平坂学問所には尾藤二洲《びとうにしゅう》らが迎えられ、各藩の藩士たちも学ぶことを許されて、優秀な人材が集まった。とりわけ佐藤一斎が指導した時には、朱子学だけでなく陽明学にも通じて広い視野を持っていたところから、佐久間象山《しょうざん》・渡辺崋山・横井小楠《しょうなん》ら、幕末維新期に活躍する多数の門弟が育った。象山は信州松代藩士であったが、藩主真田幸貫《ゆきつら》が老中兼任で海防係となったことから、アヘン戦争後の世界情勢を研究するとともに、オランダ語を学んで西洋兵学や砲術を伝授するようになった。勝海舟・吉田松陰・坂本龍馬などの維新の立役者たちも象山に学んでいる。松陰の密航に絡んで蟄居させられたが、晩年は幕府のブレーンとなって、公武合体によって開国政策を進めることを説き、そのために尊攘派に暗殺された（一八六四）。象山と言えば、「東洋道徳、西洋芸術」（『省諐録《せいけんろく》』）の言葉が名高い。それは単純に「道徳」と「芸術」

（科学技術）という別々のものを接合するということではなく、朱子学的な儒教の根本精神は一貫しながら、その中に古の聖人も知らなかった新しい科学を摂取していくという柔軟な姿勢を示したものである。

象山ではなお来るべき社会のあり方は必ずしも明確でなかったが、それを正面から問題にしたのが横井小楠であった。小楠は熊本藩の出身だったが、後に福井藩主松平春嶽《しゅんがく》に招かれ、春嶽が幕府の政事総裁職となった時にブレーンとして献策した。後、熊本に引退したが、明治新政府の招請に応じ（一八六八）、翌年京都で暗殺された。小楠が福井藩主に招聘されたときにまとめたのが『国是《こくぜ》三論《さんろん》』（一八六〇）である。それは、富国論・強兵論・士道の三論からなるが、その根本は、日本だけの「私」で閉鎖することは国際社会で通用しないので、万国共通の「公共の道」に従うべきだというところにある。それまで、「公」といえば幕府のことでしかなかったのが、今や世界に開かれた「公」のあり方が問われるようになったのである。大政奉還後の春嶽への建言（一八六七）では、いち早く「議事院」を創建して、広く天下の人材を集めることを提案している。小楠は朱子学を基にしながらも、尊攘運動とは異なる近代にいち早く目を向けた先駆者であった。

幕末の開国後には、日本からの使節団が次々と欧米に派遣されるようになった。新見《しんみ》正興《まさおき》を正使とした万延元年遣米使節団（一八六〇）には、米艦の護衛に咸臨丸《かんりんまる》が付き添い、勝海舟や若き福沢諭吉も乗り込んでいた。引き続いて、文久遣欧使節団（一八六一）には福地《ふくち》源一郎《げんいちろう》、福沢諭吉らが同行した。パリ万博にも使節団を派遣している(一八六七)。また、幕命で西周らがオランダに留学した(一八六二)のをはじめとして、長州藩からも伊藤博文、井上馨《かおる》ら五人(長州五傑)がイギリスに留学するなど(一八六三)、次々と留学生が旅立った。こうして欧米の新知識を身に付けた青年たちが、政権が変わっても重要な地位を占めることで、日本の近代が形成されていくことになる。

Ⅳ　世界の中の日本〔近代〕　19～20世紀

第十章　日本的近代の形成――明治期

1　国体の形成

明治維新の精神

「維新」という言葉は、もともと『詩経』大雅《たいが》・文王に由来するが、日本では藤田東湖《とうこ》が用いたことで知られる。「明治維新」という言葉が多く見えるのは明治三十年代からであり、当初用いられたのは「御一新」であった。「維新」は「これ新たなり」ということであり、英語でres-torationと訳されるのはいかにも奇妙であるが、おそらく「王政復古」の復古の意を込めたものであろう。王政復古の大号令（一八六七）は、徳川慶喜の大政奉還の後に、岩倉具視の具申によって正式の会議を経ずに発せられた奇策であった。そこでは、「諸事神武創業の始めに原《もと》づき」と謳われた。神祇官の復活など、一部の政策では律令の原型に戻ることがなされたが、その根本は律令どころではなく、そのもっと昔の「神武創業」にまで戻ることだった。しかし、誰も「神武創業」がどうであったか知る人はいない。つまり「神武創業」というのはすべてをリセットしてまっさらな状態から出発するという意味であり、何か方針が決まっていたというよりは、まさしく「御一新」の通り、フリーハンドでゼロから決めていこうということであった。それ故、維新の当初から方針がはっきり決まっていたわけではなかった。

もともと維新は尊攘派のリードによって達せられたが、前章に見たように、もう一つ重要な流れとして海外を見据えた開国派の開明主義があり、その後の展開は両者の綱引きによって進められていく。五箇条の誓文（一八六八）は、維新の根本方針を示したものだが、基本的には開明派的な方針が示されている。第一条の「広く会議を興し、万機公論に決すべし」が有名だが、第四条では、「旧来の陋習《ろうしゅう》を破り、天地の公道に基づくべし」と、「天地の公道」の普遍性が表明されている。儒教的な「天理」がより普遍的な「公道」に置き換えられている。五箇条の誓文は、神前で誓うという形式により、公家や尊攘派への配慮が示されたが、東京への実質的な遷都（一八六九）によって公家の力は大きく削減された。それは、公家による有職故実文化の中核としての天皇という大伝統から、中伝統の中央集権の中核である絶対君主の天皇への転換を決定づけた。

尊攘派と言っても薩長の軍事勢力、儒教主義者、復古神道家など、思惑を異にする。すでに攘夷が不可能であることは明白であったが、尊攘派は日本至上主義、自尊主義として大きな力を持ち続ける。開明主義と自尊主義の対立は世界中の近代の至る所に現われ、現代でもそのまま引きずる問題である。開明主義が他国とのバランスの中に自国を位置づけようとする相対主義であるのに対して、自尊主義は自国の価値観を絶対視して、利害を無視して突っ走る。明治から大正へかけて、開明派が表に出て新しい国作りを進めるが、その裏で力を溜めた自尊派が、やがて昭和期になって表に躍り出ることになる。

憲法制定と教育勅語

開明派が目指したのは、不平等条約を改正し、欧米と対等の立場に立つことであり、それには日本が近代国家として欧米にひけをとらない一人前の文明国であることが示されなければならない。西南戦争（一八七七）で極端な自尊派を排除し、自由民権運動に対しては弾圧で対処した政府は、維新第二世代の伊藤博文らに実権が移り、井上馨が先導した鹿鳴館《ろくめいかん》の欧化主義時代（一八八三―一八八七）を経て、いよいよ大日本帝国憲法の制定に至る（一八八九）。これにより、日本は立憲国家として、ひとまず近代国家の体裁を整え、不平等条約の改正に向けて大きな一歩をしるすことになった。

明治憲法の核心は冒頭の天皇条項に示される。第一条には「大日本帝国ハ万世一系ノ天皇之ヲ統治ス」と天皇の根本性格が表明される。ここで注目されるのは、天皇の性格を「万世一系」と特徴づけていることである。当然のことだが、「万世一系」は憲法自体の中では根拠づけられない。伊藤博文の名で出された公式の解釈書『憲法義解《ぎげ》』が説くように、その根拠は、『日本書紀』一書に出る天壌無窮の神勅（皇孫降臨の際に、アマテラスがこの国を「我が子孫王たるべきの土地」と述べた詔）であり、神話が根拠となっている。それが西洋の王権神授説と相違する日本の王権の特徴とされるが、憲法外部の神話に最大の根拠を持つことになり、憲法の及ぶ範囲が限定されることになった。第二条は「皇位ハ皇室典範ノ定ムル所ニ依リ皇男子孫之ヲ継承ス」とあって、ここでも「皇室典範」という憲法の力の及ばない外部の規定が根拠とされた。

図 19　「大日本帝国憲法発布正式之図」

第三条の「天皇ハ神聖ニシテ侵スヘカラス」は、モデルとしたドイツ憲法に見られる皇帝の政治的不答責を採用したものである。しかし、『義解』によると、ここでもまた『日本書紀』が根拠となり、天皇は「臣民群類の表《おもて》に在り。欽仰《きんぎょう》すべくして干犯《かんぱん》すべからず」とされている。天皇は政治的不答責を超えて、一切の「指《し》斥《せき》言議《げんぎ》」を許さない神聖性を持つものとなる。第四条に至って、ようやく「天皇ハ国ノ元首ニシテ統治権ヲ総攬シ此ノ憲法ノ条規ニ依リ之ヲ行フ」と、天皇の統治権が憲法に基づくことが言われる。これが、美濃部《みのべ》達吉《たつきち》などの天皇機関説の根拠になる。しかし、第一―三条において、天皇が憲法の規定を超える根拠を有していることからすれば、憲法の枠内というのはあくまでも天皇の一部であり、天皇は憲法の規定を超える存在ということが前提になっている。

こうした天皇の超越性は自尊派の尊王主義に配慮したもので、巧みに開明派と自尊派の主張を結合しようとしている。しかし、それはきわめて際どいバランスであり、やがてそのバランスが崩れ、自尊派の牽引によって帝国は崩壊へと向かうことになった。

憲法発布の翌年、その外部を補うものとして教育勅語が公布された。これは井上毅《こわし》らによって信教の自由に背かないように慎重に配慮され、天皇が「臣民」に呼びかける道徳的訓誡の形を取っている。その内容は、儒教的な道徳項目を主として、家における孝が天皇に対する忠に結びつくという構造になっている。すなわち、家父長的な家の倫理の延長上に国家が位置づけられ、天皇は国家における父親的な存在として理解される。「爾《なんじ》臣民ト倶《とも》ニ拳々服膺《けんけんふくよう》シテ咸其徳《みなそのとく》ヲ一ニセンコトヲ庶幾《こいねが》フ」と結ばれているように、天皇も臣民と一緒になって守ろうというのである。この家父長的性格は、明治国家を考える上できわめて重要である。

民権から大逆へ

教育勅語と同じ年（一八九〇）、初めての衆議院議員選挙があり、第一回帝国議会が開催された。振り返れば、板垣退助らが最初に民撰議院設立建白書を提出したのが一八七四年であり、それから自由民権運動の嵐が巻き起こった。運動は当初は不平士族のはけ口という面があったが、次第に各地に広まって草の根的に展開するようになった。そこで、政府は一八八一年に十年後の国会開設を約束するとともに、早期開設を主張する大隈重信は下野した（明治十四年の政変）。同年、板垣を党首とする自由党、翌年、大隈を党首とする立憲改進党が結成されたが、政府は民権運動を徹底的に弾圧して、上からの憲法制定と議会開設にこぎつけた。

自由民権運動の理論家としては植木枝盛《えもり》が知られるが、それを深めたのは中江兆民であった。兆民の『三酔人経綸問答《さんすいじんけいりんもんどう》』（一八八七）は、洋学紳士と豪傑君と南海先生の三人の座談の形で進行する。西洋由来の自由民権の主張をするのは洋学紳士で、弱小国家である日本は武力ではなく、自由・平等・博愛の理想を武器として強国と交わるべきだと説く。それに対して、豪傑君は自尊主義的な傾向を反映し、軍備を強大化して、武力による海外進出を主張する。南海先生はこの両者を調停する役回りを演ずる。もともと兆民はフランスに留学してルソーの民権論に傾倒したので、その思想は洋学博士に反映している。しかし、兆民はそれが短時間で実現するとは考えなかった。遠回りをしながら、民権思想が本当に定着することを期待した。遺言的な著作『一年有半』（一九〇二）、『続一年有半』（同）は、「わが日本古より今に至るまで哲学なし」と喝破し、唯物論的な合理主義の哲学の形成に挑んだ。

国家の基本体制が整った後、日本は帝国主義の列強に食い込みを図り、日清戦争（一八九四—九五）、日露戦争（一九〇四―〇五）の勝利によって国威を発揚する。それは単に政府の独走ではなく、熱狂的な国民のナショナリズムの高揚に支えられたものであり、それを基盤としながら、朝鮮・中国へと植民地化の道を進めていった。しかし、急速な近代化、帝国主義化は社会的なひずみを生み、貧困と格差が大きな問題として生じて、社会主義が勃興した。同時にまた、日露戦争に対しては、戦争による拡大主義が本当によいのかという疑問が生まれ、キリスト教徒の内村鑑三や社会主義者の堺利彦・幸徳秋水《こうとくしゅうすい》らの間で非戦論が高まった。彼らは当初『万朝報《よろずちょうほう》』を拠点としたが、同紙が開戦論に転じたことから、堺・幸徳らは平民社を興し（一九〇三）、『平民新聞』を発行して、非戦論と社会主義を主張した。

それに対して、政府は厳しい弾圧を持って臨み、最終的に大逆事件（一九一〇）によって、反政府的な社会主義運動を壊滅に追い込んだ。大逆事件には、幸徳秋水らの社会主義者・無政府主義者の他、大石誠之助らのキリスト教者、内山愚童《ぐどう》らの仏教者らも連座した。その徹底的な言論弾圧は知識人に大きな衝撃を与え、「冬の時代」を迎えることになった。他方、議会では南北朝正閏論が問題とされ、最終的に南朝が正統とされて（一九一一）、一元化された「国体」への方向づけが明確となった。

2　国体と神仏

神道国教化の行方

御一新は単なる政治的次元の問題ではなく、全国規模に広がった復古神道系の活動家たちの力によるところが大きかった。彼らが目指したのは古代的な祭政一致体制であり、神祇官を復活して太政官と並べ(一八六九)、津和野藩主亀井茲監が神祇官副知事となって、福羽美静《ふくばびせい》らの津和野派が実権を握った。大教宣布《たいきょうせんぷ》の詔(一八七〇)によって祭政一致が確認されるとともに、宣教使による布教が表明された。福羽らは宮中祭祀の整備に努め、それが一段落したところで、神祇官は太政官の管轄下の神祇省となり(一八七一)、さらにそれも解体する。宮中祭祀は宮内庁式部寮が担当し、布教の任務は教部省の担当となった(一八七二)。

教部省設置には、神道だけの優遇に反発する仏教側からの働き掛けも強く、その中心となったのが、長州出身の真宗本願寺派の島地黙雷であった。教部省では、東京に大教院、それぞれの地方に中教院・小教院を設けて、神官のみならず、仏教の僧侶も宣教使に代わる教導職に任じて、国民教化に当たらせた。教化の内容は敬神愛国・天理人道・皇上奉戴の三条の教則であった。これは、宣教使の方針の継承からすれば当然であったが、仏教側からすると、神道的なものには従えないとして、今回も島地が中心となって、真宗系の諸派が離脱し（一八七五）、教部省自体も解体された（一八七七）。それは結局神道国教化政策の終結であり、憲法に信教の自由が明記されることになった。ただし、神道儀礼は国家の祭祀であるから宗教ではないという神道非宗教論によって、信教の自由の枠外に置かれ、国民が礼拝するのは当然の義務と見なされた。

ところで、明治期の神仏関係を考えるためには、翻って維新初期の神仏分離政策を見る必要がある。神仏分離令（神仏判然令、一八六八）は特定の一つの法令ではなく、数度の通達や布告を総称するが、基本的には神社から仏教的要素を排除することを意図している。すなわち、社僧が僧形で奉仕すること、本地仏を祀ること、権現や牛頭天王のような仏教的な神号を廃することなどである。それは、神仏習合を不純な混淆と考え、混淆以前の純粋な神道（もちろんフィクションであるが）に戻ることを目指している。それゆえ、仏教側に対しては、法華宗（日蓮宗）が曼荼羅に神名を入れることが問題とされている他は、必ずしも強い要求をしているわけではない。ただ、神仏習合的な要素の強い修験宗に対しては宗としての自立を認めず、神道または仏教に帰属させるという方針を取った。

神仏分離をきっかけとする民間の廃仏毀釈《はいぶつきしゃく》の運動や、その後の上地令《あげちれい》（一八七一）による寺社領の没収、及び僧侶の肉食妻帯許可（一八七二）などは、仏教界を大きく揺るがすことになった。これらは特に真言・天台などの顕密系の仏教に大きな打撃を与えたが、真宗系は一部の影響に留まった。真宗はもともと神仏習合的な要素が少なかったし、土地収入よりも門徒との寺檀関係に依存していたので、上地令の影響が少なかった。また、肉食妻帯は真宗では当然のことであった。長州の真宗は尊攘運動と密接に関わり、新政府とも親密な関係にあり、島地黙雷の主張は容易に政策に反映された。親鸞が明治の早い時期に見真大師《けんしんだいし》という大師号を得た（一八七六）のも、その為である。すなわち、島地の信教の自由の主張が、国家神道の考え方を先取していることも、指摘されている。宗教は内心に関わるものだから、国家や政治が立ち入ることができないとして、信教の自由を確立するとともに、神道は皇室の祖先に対する崇敬だから、宗教ではないとして、神道非宗教論を唱えた。これはまさしく後に国家神道で用いられた論法であった。

家父長制国家と神仏

すでに見てきたように、大伝統は王権と神仏が緊張関係にあり、その間にさまざまな文化現象や人々の生活が成り立つという構造をなしていた。神仏の側は仏と神の重層構造をなし、王権の側も中世以後には朝廷と幕府が重層構造をなしていた。こうした重層構造は複雑で、非能率的なところもあったが、相互の緊張によってバランスを取り、長期的に安定したシステムとなっていた（第一章図1〜3参照）。ところが、御一新はそれをすべて解体して、天皇に一元化する中央集権体制を目指した。大伝統と異なる新しい精神構造であり、それを本書では中伝統と呼んでいる。

それは緊迫した世界情勢の中で国家の意思を統合して機敏に動くことを可能とした。しかし、そこにはブレーキをかける機能がなくなることで、動き出したら加速度がつくばかりで、破滅への道を転がり落ちる危険を最初から内包していた。

このような日本近代の精神構造は、当初の試行錯誤から次第に形を整え、一八九〇年前後にほぼ形を整えることになった。法整備の面から言えば、憲法、教育勅語の他に、皇室典範と民法が重要である。皇室典範(一八八九)は、『皇室典範義解』に「皇室自ら其の家法を条定する者なり」と言われるように、皇室の家族法であるが、第一条は「大日本国皇位ハ祖宗ノ皇統ニシテ男系ノ男子之ヲ継承ス」と、男系男子の継承を明言し、皇位が家父長制的原則に則って継承されることが明確化された。すでに見たように、教育勅語は家父長制国家の父としての天皇ということを示していたが、そのことは皇室制度的にも確定されることになった。

それならば、国民の個々の家も当然同じ原則に立たなければならない。それを規定するのが民法である。民法はもともとフランス人ボアソナードらがフランス民法をモデルに、個人主義的な性格の強い法案を起草した(一八九〇)。しかし、それが日本の家制度に合わないとして、穂積《ほづみ》八束《やつか》らが「民法出デテ忠孝亡《ほろ》ブ」と猛反発し、全面的に改訂された(一八九六、九八)。改訂された民法では家督の相続を設定し、男・嫡出子・年長者を優先する。相続は単に財産の問題ではなく、家父長の義務と権限を伴う家そのものを家督として相続継承することになる。こうして、国民のそれぞれの家父長制的な家をもとに、それを拡大した形で、天皇を家父長とする国家が成り立つ。家父長が家族に対するのと同様に、天皇もまた国民(臣民)に対して威厳と慈愛をもって臨むことになる。

家は先祖代々継承されてきたもので、家父長はそれを受け継ぎ、次代に渡す役目を負う。そこで、その家を継承してきた祖先への崇拝が必須となる。幕末の水戸学や神道でも祖先祭祀が重要視されてきた。それは、見えざるものの世界(冥・幽冥)の秩序に関する。こうして神道は皇室の祖先崇拝の祭祀として位置づけられる。それに対して、民間では祖先祭祀を仏教が担当し、それを象徴する墓と位牌を仏教の方式で維持するのが基本となる。仏教が近世の国家宗教的な地位を降ろされ、神仏分離等で打撃を受けても衰えなかったのは、こうして葬式仏教と言われる形でその存立基盤を再編したことによる。

以上のような構造を図示したのが、一一頁の図4である。近代日本の精神構造は、このような形で、表側(顕・顕明)では、世界へ向けた近代的立憲国家として現われるが、それを支える下部構造は教育勅語の道徳である。裏側(冥・幽冥)では、神道と仏教がそれぞれ皇室=国家と国民のそれぞれの家の祖先祭祀を担当することになり、この四肢構造によって、大伝統に代わる中伝統の基礎構造が形作られることになった。

キリスト教の受容と仏教界の革新

維新当初はキリスト教の禁止が継続されたが、欧米諸国の圧力もあり、禁教高札の撤廃（一八七三）により黙認するようになった。欧米の宣教師の来日布教とともに、森有礼《ありのり》、中村正直など開明的な留学生によっても信仰され、知識階級を中心に広まるようになった。かつてのキリシタン時代と違うのは、プロテスタントが中心となったことである。札幌バンドの内村鑑三、新渡戸《にとべ》稲造《いなぞう》、横浜バンドの植村正久、熊本バンドの海老名弾正《えびなだんじょう》らが著名である。彼らは多く武士の出身で、儒教的素養があり、その基礎の上にキリスト教を受容しているので、強い倫理観や使命感、愛国心などと結びついているところに特徴がある。とりわけ内村は、二つのＪ（イエスJesusと日本Japan）を掲げて外国人宣教師の指導を拒否し、独自の無教会主義の立場に立って布教活動や社会的発言を積極的に行った。

教育勅語が発布された翌年（一八九一）、内村は第一高等中学校の教員であったが、勅語に敬礼しなかったという理由で糾弾され、辞任に追い込まれた。それがきっかけとなって、『勅語衍義《えんぎ》』の著者井上哲次郎によってキリスト教批判がなされ（一八九二）、その後、多くの論者が加わって「教育と宗教の衝突」論争が展開された。井上の批判は、キリスト教は、出世間的な神を絶対視するから、国家を軽視し、忠孝の倫理に背くことになるというものである。それに対してキリスト教側も反論したが、勅語自体を批判することができないために受け身に立たされた。内村自身はその後も、足尾鉱毒事件、日露戦争非戦論などに積極的に発言し、大正期に入るとキリストの再臨を説く再臨運動に積極的に関わった。

それでは、仏教側はどう対応したのであろうか。もともと仏教は国家の政策とも深く関わり、反キリスト教の自尊主義的な立場に立つことが多かった。他方、島地黙雷らが岩倉使節団に同行して渡欧したのをはじめとして、早くから欧米に留学生を派遣して最新の研究を学ぶなど、時代の動向にも鋭敏であった。シカゴ万国宗教会議（一八九三）には、釈宗演《しゃくそうえん》をはじめとして日本の仏教者も参加した。また、井上円了《えんりょう》の『真理金針《しんりこんしん》』（一八八六―八七）は、キリスト教を批判し、仏教の優位を論証するために、新しい哲学や科学の思想を採り入れている。キリスト教の影響を受けて社会的な問題への関心を高めた境野黄洋《さかいのこうよう》、高島米峰《たかしまべいほう》らは仏教清徒同志会（一八九九結成。後に新仏教徒同志会に改称）を結成し、雑誌『新仏教』（一九〇〇創刊）を刊行して新仏教の運動を起こし、社会問題に関して論陣を張った。他方、真宗大谷派の清沢満之《きよざわまんし》は浩々洞《こうこうどう》で弟子たちと共同生活に入り、雑誌『精神界』（一九〇一創刊）を刊行して、精神主義の運動を起こした。これは新仏教の社会志向とは逆に、内面主義的に宗教体験を深めることを目指したものである。それによって、前近代的な迷信として否定されがちだった阿弥陀仏信仰を、絶対無限者と有限者の関係として捉え直し、その後の仏教の再解釈に大きな影響を与えた。ただ、こうした新しい思想や学問としての仏教は、その経済基盤を葬式仏教に依存しながら、それと切り離された上部構造として展開し、両者の関係を不問にしたところに問題が残った。

3　啓蒙と国粋

啓蒙から国粋、そして煩悶へ

欧米に留学して西洋の思想に触れた最初の世代は、欧米の進んだ文化に目を見張り、それをどのように日本に導入するかに苦心した。政府に入って直接国を動かす道もあったが、上から制度を作るだけでは近代化できない。それ以上に重要なことは国民の精神が近代化することである。そこから、言論による啓蒙活動が活発化することになる。御一新の大きな変革がある程度方向が見えてきた段階で、新しい学制が公布され（一八七二）、初等・中等教育が開始され、師範学校による教員の養成も始まった。

国民の側もまた新しい思考を受け入れていく準備が整ってきた。その年に初編が出版された福沢諭吉の『学問のすゝめ』は、「天は人の上に人を造らず、人の下に人を造らずと言えり」という巻頭の名文句とともに、国民のあらゆる層に受け入れられる大ベストセラーとなった。四民平等、男女平等の立場から、学問をすることで物事の理を知って一身の行いを正し、それによって一国もまた繁栄するという、希望に満ちた指針を与えることになった。津田真道《まみち》・西周・森有礼・加藤弘之・福沢諭吉ら、初期の啓蒙思想家たちが集結した明六社の『明六雑誌』(一八七四―七五)では、民撰議院から男女夫婦の問題まで、近代的な思想をいかに受け入れていくかについて、さまざまな議論が交わされた。

明治十年代は自由民権の嵐が吹き荒れる一方で、政府は鹿鳴館の欧化主義政策を推し進めたが、明治二十年代の憲法制定前後にはそのいずれをも反省する中から、新しい動向が生まれてきた。一方で、徳富蘇峰《とくとみそほう》は、上からの近代化を批判して平民主義を主張し、民友社を設立して『国民之友』を創刊した(一八八七)。他方で、欧化主義への批判は政教社の国粋主義の主張になり、雑誌『日本人』が創刊され(一八八八)、三宅雪嶺《せつれい》・志賀重昂《しげたか》らが活躍した。ここで言う国粋主義は、後のものと異なって単純な自尊主義ではなく、開明主義を採り入れながら日本文化を改めて見直そうというもので、国粋保存主義とも言われる。同傾向のものとして、陸羯南《くがかつなん》の新聞『日本』(一八八九創刊)には長谷川如是閑《にょぜかん》・正岡子規《まさおかしき》らがいたが、後に政教社に吸収され『日本及日本人』となった(一九〇七)。岡倉天心による美術雑誌『国華』(一八八九創刊)や、高山樗牛《ちょぎゅう》らが活躍した博文館の『太陽』(一八九五創刊)も近い傾向のものである。

しかし、明治三十年代に入ると、それまで国家や社会に向かっていた目が、次第に個人の内面に向けられるようになる。外側の近代化を急ぐあまりに忘れられていた個のあり方が問われることになったのである。それを象徴するのが、第一高等学校生徒の藤村操《みさお》が日光の華厳の滝に投身自殺した事件であり(一九〇三)、青年たちに大きな衝撃を与え、そこから「煩悶《はんもん》」というキーワードが流行するようになった。この前後、結核により死に直面した思想家たちが宗教的思索を深め、主観主義の時代とも呼ばれる。清沢満之の精神主義の他、日本主義から個人主義へと転換し、さらに日蓮信仰へと向かった高山樗牛などが知られる。とりわけ綱島梁川《つなしまりょうせん》は神との合一体験を「予が見神の実験」として報告して(一九〇五)、言論界に賛否の議論を引き起こした。こうした動向が、明治末期の西田幾多郎《きたろう》や夏目漱石によって深められることになった。

お雇い外国人から留学帰りへ

明治になり、政府は新しい高等教育機関を作るべく、直ちに動き出した。その基盤となったのは幕府の昌平坂学問所であり、そこに医学校と洋学を学ぶ開成学校を併合して大学校とした(一八六九)。ところが、本校である昌平坂学問所は閉校となり(一八七一)、東京医学校と東京開成学校が合併して東京大学となった(一八七七)。法・文・理・医学部が設けられ、最終的な統合の上で加藤弘之が総理となった(一八八一)。もともと中心であった伝統的な儒教や国学は文学部の中の和漢文学科に縮小され、輸入学問が幅を利かせることになった。その後、帝国大学令の発令によって(東京)帝国大学(一八八六)となり、後には京都帝国大学(一八九七)など、順次帝国大学が整備されていった。帝国大学令の第一条では、「帝国大学ハ国家ノ須要《しゅよう》ニ応ズル学術技芸ヲ教授シ」

と、「国家ノ須要」の学が求められた。他方、私立大学は大学としての認可は遅れるが（一九二〇）、福沢諭吉の慶應義塾、大隈重信の東京専門学校（後の早稲田大学）、井上円了の哲学館（後の東洋大学）などが、それぞれの理念をもって創設された。

大学の草創期には、政府機関と同様、欧米の学者をお雇い外国人として招き、基礎作りを図った。哲学関係では、アーネスト・フェノロサはヘーゲル哲学を導入するとともに、日本美術の発見者となり、岡倉天心に協力して東京美術学校（後の東京芸術大学）の創設にも関わった。ドイツ哲学を講じたラファエル・ケーベルは、幅広い教養と高貴な人格によって、その後の日本をリードする多くの知識人を育てた。また、ラフカディオ・ハーンは英文学を講じた。

こうしたお雇い外国人から次第に教育の中心は留学帰りの日本人に移っていく。哲学の教授となったのは井上哲次郎であった。井上はもともと東洋哲学の助教授であったが、ドイツ留学後に教授となり、西洋哲学を教えた。『勅語衍義』や「教育と宗教の衝突」論争などで御用学者として悪名高いが、その本領はむしろ『日本陽明学派之哲学』（一九〇〇）、『日本古学派之哲学』（一九〇二）、『日本朱子学派之哲学』（一九〇五）の日本儒学三部作に発揮されている。国学の伝統は国文学に継承されるが、芳賀矢一《はがやいち》がドイツに留学して文献学を導入することで、近代的な学問としての形態を整えた。

文学者の抵抗

近代の文学は坪内逍遥《しょうよう》の理論書『小説神髄』（一八八五―八六）に始まるとされるが、実際の作品としては、二葉亭四迷《ふたばていしめい》の『浮雲』（一八八七―八九）が最初である。その主人公文三は役所を免職になった失敗者であり、思いを寄せていたお勢は成功者の本田に向かう。ここでは、インテリでありながら、現実には何もできない敗者に焦点が当てられる。それはまさしく煩悶する青年そのものであり、夏目漱石の「高等遊民」に通ずるものがある。

官吏やジャーナリスト、学者、実業家などの成功者は、当時の高等教育や留学の成果を有効に活用して、国家有為の人材として栄光の中に立った。小説家もまた、逍遥は英文学者で早稲田で教え、四迷はロシア文学の専門家であり、最高のインテリであった。その点でそれまでの戯作者とは一線を画していた。しかし、敗者・失敗者の立場に立つことで、勝者・成功者に見えなかった近代の裏側を抉り出すことになった。

日本は無理をして富国強兵の道を突っ走り、ひとまず一流国の仲間入りをしたが、本当にそれでよかったのか。外側の利益を追い求めるだけでは空しくないのか。それは、主観主義の時代の思想家たちが追い求めた内面の問題であり、文学者はそれをよりリアルに描き出す。石川啄木《いしかわたくぼく》の短歌が広く共感を呼んだのは、青雲の志を抱きながら挫折、屈折していく心情が、少数の成功者の陰で踏みつけられる多くの人々に共感をもって迎えられたからであった。啄木が社会主義に接近したのは必然的なことであった。

島崎藤村の『破戒《はかい》』(一九〇六)は自然主義文学の記念碑的な作品とされるが、その後の自然主義が落ち込んでいく閉鎖的な私性への逃避ではなく、部落差別という大きな社会問題に対して、それに直面した一人の青年にどのような選択が可能か、正面から問いかけた作品であった。主人公瀬川丑松は、作中の運動家猪子蓮太郎のように、正々堂々と出自を明らかにして戦うことはできなかった。かと言って、それを隠して成功者になることもできなかった。あたかも罪人のように出自を告白して、テキサスへの移住という道を選ぶ。それは敗北、逃避のように見えながら、煩悶しつつ第三の道の可能性を探るという、文学ならではの問いかけであった。ちなみに、全国水平社ができて、差別の撤廃へ向けて動き出すのは大正になってからのことである(一九二二)。

『浮雲』でも『破戒』でも、主人公の男性にとって、女性にどう向かうかということが大きな悩みとして描かれる。恋愛もまた、かつての色恋と異なるものとして、欧米から輸入された新しい生き方であり、それに対して文学者たちは途惑い、躊躇《ためら》いながら接近する。恋愛を高く掲げたのは、詩人北村透谷であった。評論「厭世詩家と女性」(一八九二)は、「恋愛は人世の秘鑰《ひやく》なり」という恋愛賛美で大きな影響を与えた。藤村もまた、詩集『若菜集』(一八九七)で初々しい恋愛感情を歌い上げた。文芸誌『明星』に拠った与謝野晶子《よさのあきこ》は、歌集『みだれ髪』(一九〇一)で女性の側からの激しい性愛を歌って、衝撃を与えた。しかし、実際には『浮雲』や尾崎紅葉《こうよう》『金色夜叉《こんじきやしゃ》』

（一八九七―一九〇二）に見られるように、男性の異性への虫のよい期待はしばしば裏切られた。ジェンダーの問題が問い直されるのも、次の時代を待たなければならなかった。

第十一章　戦争と思想――大正・昭和前期

1　デモクラシーから総力戦へ

大正デモクラシー

大逆事件で幸徳秋水らが処刑された翌年、衝撃もおさまりきらないうちに、明治天皇の病状が悪化して死去する(一九一二)。それに追い打ちをかけて、大葬の当日、陸軍大将乃木《のぎ》希典《まれすけ》夫妻自刃のニュースが駆け巡った。それは明治維新に始まる大きな変転の時代の終わりであった。同じ時代を生きた人間にとって、自分たちの時代の終末をいやというほど思い知らされる出来事であった。夏目漱石の『こゝろ』(一九一四)の「先生」は、乃木の殉死を知って自殺することを決める。森鷗外もまた、『興津弥五右衛門の遺書』(一九一二)、『阿部一族』(一九一三)と矢継ぎ早に発表する。『阿部一族』は、殉死を止められるという仕打ちを受け、一族の滅亡に至るという皮肉で残酷な物語の中に、乃木の殉死に対する複雑な心情を描き込んだ。鷗外はその前の大逆事件に際しては、見て取れる。

『かのやうに』(一九一二)を発表し、国家体制の根拠となる神話を、事実でなくても事実である「かのように」受け入れることで乗り切ろうというニヒリスティックな思想を表明していた。そこには、高級官僚でありつつも、その体制を信じ切れずに良心的であろうとする知識人の苦悩が見て取れる。

しかし、概して大正時代は、戦争の続く時代が一休止して、デモクラシーが進展し、普通選挙が実現する(一九二五)明るい時代としてイメージされる。確かに吉野作造を指導者として民本主義が広く支持され、護憲運動が盛り上がりを見せた。「民本主義」はデモクラシーの訳語ではあるが、人民主権を主張する「民主主義」と異なり、主権を問題にしないという。「人民の意嚮《いこう》」によって、「人民の為《た》め」の政治であればよいというのである(「憲政の本義を説いて其《その》有終の美を済《な》すの途《みち》を論ず」一九一六)。天皇主権が明示された明治憲法下では可能で現実的な選択であり、実際それ以外に道はなかったであろう。また、その灯した光がやがて第二次大戦後に受け継がれるという面も無視できない。しかし、大きな時代の流れを考えれば、まさしく開明派が自尊派に呑み込まれていく奔流の中のエピソードでしかなかった。

二十世紀前半は、世界情勢そのものが大きな転換点を迎えていた。アジアでは、中国で辛亥《しんがい》革命によってついに清朝が倒された(一九一一)。革命による帝政打倒であるが、日本政府はそれほど危機感を持たなかった。むしろ自尊主義的な右翼の中から、宮崎滔天《とうてん》、頭山満《とうやまみつる》らのアジア主義勢力が革命支持に回った。孫文の大アジア主義講演(一九二四)は、アジアの道徳的優位によって西洋に対抗しようというもので、日本の帝国主義的拡張主義にとって、好都合のところがあった。日本は、台湾(一八九五)、南樺太(一九〇五)に次いで、大韓帝国を併合し、植民地としていた(一九一〇)。ヨーロッパでは、第一次世界大戦(一九一四―一八)によってこれまで育んできた近代への信頼が大きく揺らぎ、その間、ロシア革命によって、史上初のマルクス主義国家が出現した(一九一七)。ヨーロッパの危機を横に見ながら、日本のアジア侵略はますます勢いづいていった。

マルクス主義から超国家主義へ

大逆事件で社会主義者は一網打尽となり、その運動は後退した。しかし、産業のますますの発展は、人口の都市集中と労働条件の悪化、労働者の貧困、農村の疲弊を招き、大規模な米騒動も起こった(一九一八)。河上肇《はじめ》の『貧乏物語』(一九一六―一七)がベストセラーになり、労働組合による争議も盛んとなった。関東大震災の混乱の中での大杉栄の虐殺(一九二三)、治安維持法の成立(一九二五)などの困難の中で、非合法の日本共産党の活動が活発化した。それは、ロシア革命とその後のソビエト連邦を手本として、コミンテルンの指導による国際的連帯のもとで組織化され、科学的社会主義を標榜して革命の歴史的必然性を唱えたことで、従来の社会主義と一線を画した。そのため、学生や若い知識人が多く共鳴した。野呂栄太郎《のろえいたろう》ら、『日本資本主義発達史講座』

（一九三二―三三）に拠った講座派は、日本はいまだ絶対主義王政の段階であるから、まずブルジョア革命を起こし、その後で社会主義革命に進むべきだという二段階革命説を採り、それがコミンテルンの三二年テーゼと合致したことから主流となり、直接社会主義革命を主張する労農派と対立した。しかし、弾圧はますます強化され、佐野学・鍋山貞親の転向（一九三三）をきっかけに転向が相次ぎ、壊滅状態となった。

一九三〇年代になると、満州事変（一九三一）以後、泥沼の戦争へと引きずり込まれることになる。傀儡の満州国の建国（一九三二）には、米国との世界最終戦争をもくろむ日蓮主義者石原莞爾《いしわらかんじ》（『世界最終戦論』一九四〇）が関わっていた。国内的には、血盟団事件（一九三二）、五・一五事件（一九三二）、二・二六事件（一九三六）などの国内のテロや反乱が連続することになった。彼らは、北《きた》一輝《いっき》・大川周明《しゅうめい》・井上日召《にっしょう》らのいわゆる超国家主義者たちの理論に導かれ、軍の内部に共鳴者を得て、貧困をはじめとする社会的矛盾を解消するために、腐敗した政治家や資本家を取り除き、天皇親裁による一君万民の新しい国家を目指した。彼らはしばしば昭和維新を合言葉とした。

彼らの理論的指導者とされた北一輝は、早く『国体論及び純正社会主義』（一九〇六）によって明治憲法の国体論を批判し、進化論に基づいて社会主義国家を理想とする説を提出して発禁となった。その後、中国革命に加わり、上海で『国家改造案原理大綱』（一九一九）を書きあげ、後に『日本改造法案大綱』として出版した（一九二三）。本書は天皇を奉じて憲法を停止し、国家を改造して自由平等の理想の達成を目指したもので、皇道派の軍人に信奉された。このため、北は二・二六事件の思想的元凶として連座し、処刑された。同じ頃、ドイツで政権を獲得したナチスも、正式の呼称は国家社会主義ドイツ労働者党であり、国家社会主義を標榜していた。ソビエト連邦が強大化し、その影響が広がる中で、それに対抗する勢力も同じように社会正義の実現を謳い文句とした強権主義を目指した。日本では皇道派の政権奪取はできなかったが、彼らの活動により、天皇の絶対性がクローズアップされることになった。

国体と大東亜共栄圏

『憲法講話』(一九一二)などに示された美濃部達吉の天皇機関説は開明派的な方向から憲法を解釈するもので、西洋の立憲君主制の常識から見ても妥当な解釈であった。天皇の大権は憲法の制約下、あくまでも国務大臣の輔弼《ほひつ》を必要とし、そこに天皇の不答責が成り立つ。しかし、『憲法義解』においても、天皇の不可侵性は政治的不答責を超える可能性が示されていたように、その条文には曖昧なところがあった。とりわけ軍の力が次第に増大する中で、統帥権の独立を盾に統帥権干犯問題(一九三〇)が起こることにもなった。こうした流れの中で、国会で天皇機関説が取り上げられ、岡田啓介首相は、二度にわたって国体明徴《こくたいめいちょう》に関する声明を出し、天皇機関説を国体に反するものとして否定した(一九三五)。『原理日本』に拠った蓑田《みのだ》胸喜《むねき》は、美濃部をはじめ、津田左右吉など多くの学者を執拗に攻撃して、言論統制の道を開いた。

こうして確立した昭和期の国体論は、文部省編纂の『国体の本義』(一九三七)に集約されている。そこでは、天皇はもはや憲法に制約される国家統治の主権者ではなく、「皇祖皇宗の御心のまにく〵我が国を統治し給ふ現御神《あきつみかみ》」とされる。即ち、超法規的な現人神である。だが、そうなると、憲法の天皇不答責の歯止めが利かなくなる。もちろん憲法を超えた天皇の責任を臣下が問うことはできない。とすれば、その責任をだれが負うのだろうか。神である天皇は輔弼者に責任を転嫁できないのであれば、天皇自らが責任を負う他ないのではないか。必ずしも従来十分に論じられているわけではないが、天皇の戦争責任は、超法規的な、いわば神学的問題として、ヤスパースの言う「形而上学な罪」(『戦争の罪を問う』)として提起される問題であろう。

中国戦線の膠着の中で、最後の期待を担って近衛文麿《このえふみまろ》が首相となるが(一九三七)、盧溝橋《ろこうきょう》事件を契機に本格的な日中戦争に突入した。近衛のブレーンである尾崎秀実《ほつみ》・蠟山政道《ろうやままさみち》・三木清らの昭和研究会は、東亜(東アジア)共同体の理念を掲げ、アジアの覚醒を戦争の大義とした。尾崎は全面戦争回避へ向けてソ連のスパイであるゾルゲに協力し、ゾルゲ事件で逮捕された(一九四一)。

こうして米英との戦争に突入する中で(一九四一)、大義名分として大東亜共栄圏の構想が掲げられた。これは、日・中・満を中心としながら、東南アジアやインドまで含む共存共栄の相互扶助構想であり、大東亜会議(一九四三)で採択された「大東亜共同宣言」には、米英の侵略搾取への対抗が謳われた。このように、大東亜の構想では、従来の日中だけに収まらないアジア全域が問題とされ、そのイデオローグとして、インド学の泰斗高楠順次郎《たかくすじゅんじろう》や、インド・イスラム圏まで視野を広げた大川周明らが活躍することになった。

2　受難と協力

生命主義とオカルティズム

大正期の思想というと、デモクラシーを支える個人の確立としての人格主義・教養主義ということがしばしば言われてきた。それは明治後期の主観主義の時代に続くもので、白樺派や阿部次郎の『三太郎の日記』(一九一四―一八)などが代表的なものとされる。それまでの宗教的な人間観から離れ、また家父長制的な家から自立し、内面の良心に従った個の確立が目指された。そこには、ケーベルや夏目漱石などの影響が大きいと考えられる。漱石は講演「私の個人主義」(一九一五)で、日本に個人主義を定着させることの困難を訴えた。

しかし近年、そのような人格主義のさらに背後にある生命主義の重要性が指摘されている。それは、世界や人間を機械的な物理法則で捉えるのではなく、有機体的な統合として生き生きと活動するものと捉える見方である。人間に関して言えば、内的生命論から、性愛、恋愛などを重視し、社会や宇宙全体に関しても有機体的な生命活動として見ることになる。こうした見方は、十九世紀末の欧米で盛んになり、ベルクソンやウィリアム・ジェームズなどの哲学にもその傾向は顕著に見られる。日本では、哲学の西田幾多郎など、また自然主義・白樺派や北原白秋《きたはらはくしゅう》・斎藤茂吉《もきち》・萩原朔太郎《はぎわらさくたろう》・宮沢賢治などに至る文学者が、広く生命主義的な傾向を共有している。それは、従来の既成の宗教の非合理性に満足できず、かと言って機械論的な自然科学にもなじめない新しい知識人層を惹きつけた。アインシュタインの相対性理論は、従来のニュートン的な機械的物理学に対抗する宇宙の神秘の開顕として関心を呼び、その日本訪問(一九二二)は熱烈な歓迎を受けた。

それと関連して、十九世紀の欧米では機械的な科学や合理主義への反発から、超常現象や心霊現象などのオカルトへの関心が高まった。その影響は日本にも及び、東京帝国大学の心理学助教授福来友吉《ふくらいともきち》は、霊能者による透視実験に成功したと称したが、詐欺とされて退職した(一九一九)。こうしたオカルティズムの流行の中でも、もっとも注目されるのは、ヘレナ・P・ブラヴァツキー夫人がヘンリー・スティール・オルコット大佐とともに立ち上げた神智学《しんちがく》協会で(一八七五)、アジアをも含めた広範な運動を展開した。ブラヴァツキーはその霊異能力が詐欺によるものだと暴露されて失脚するが、オルコットは仏教に帰依してその宣伝に努め、スリランカ仏教の復興者アナガーリカ・ダルマパーラも彼らに学んでいた。オルコットやダルマパーラは日本も訪問し、日本の仏教者とも交流している。禅の世界布教の先端に立って活躍した鈴木大拙《だいせつ》も、妻のベアトリス・レインを通して、神智学協会と関係していた。こうした流れは、広い意味でのスピリチュアリズム(霊性主義)と見ることができ、際どいところで科学(または疑似科学)と宗教が結びついている。二十世紀後半のニューサイエンスの運動などにもつながっていくものである。

変貌する社会と宗教

明治末期から社会的矛盾が拡大し、社会主義運動が盛んになった。その中で、賀川豊彦《かがわとよひこ》、木下尚江《なおえ》など、キリスト教社会主義者の活動が目に付く。仏教側は新仏教運動の活動が目立った。そのような運動の影響を受けながら、大正期には、共同生活をしながら、自給自足の生活を行い、信仰を深めようという共同体運動が盛んになった。伊藤証信《しょうしん》の無我苑《むがえん》、西田天香《てんこう》の一灯園《いっとうえん》などである。一灯園は今日まで続いている。また、武者小路実篤《むしゃのこうじさねあつ》の「新しき村」や有島武郎《ありしまたけお》の農場解放にも近いところがある。それらの運動は、原始共産制に近い理想の共同生活を目指したもので、宮沢賢治の夢見た「イーハトーブ」もそのようなものであっただろう。彼は「羅須地人協会《らすちじんきょうかい》」を作り、『農民芸術概論綱要』(一九二六)によって、農民の生活の場から本当の芸術が生まれると主張した。

逆に、宗教者が積極的に大衆に訴えるという形の布教活動も盛んになった。キリスト教の内村鑑三、日蓮主義の田中智学《ちがく》などは、各地を講演して回り、人気を博した。さらに、ラジオ放送が開始され(一九二五)、次第に普及するとともに、ラジオを使った布教が行われるようになった。この方面の開拓者は友松円諦《ともまつえんたい》で、真理運動を興し、小乗経典とされてきた『阿含経《あごんぎょう》』や、その一部でもっとも簡素な『法句経《ほっくきょう》』を広めた。当時、農村から都市に人口が流入し、東京などは土地に根ざさない新しい都市スタイルの市民が増加して、新興の大衆文化が広まりつつあった。友松は従来の宗派に束縛されず、簡素で素朴な人間の生き方を説いた原始仏典に着目して、新しい仏教のあり方を示した。この方向は、後に中村元《はじめ》などに受け継がれた。

急速な都市の発展とともに、農村も変容し、日本人の生活全体が大きく変わるようになってきた。もともと農商務省の官僚であった柳田国男《やなぎたくにお》は、そのような状況に危機感を持ち、文献ではなく、聞き取りによって、失われつつある伝統的な生活や信仰の姿を復元しようと志した。その記念碑的な作品は、佐々木喜善《きぜん》の提供した岩手県遠野《とおの》地方の伝承を記した『遠野物語』(一九一〇)であった。柳田はグリム兄弟らによるドイツ民俗学の方法も学んで日本民俗学を確立し、それを通して日本人と日本文化の大本を探求しようとした。柳田の方法は多くの研究者を惹きつけたが、その中でもそれを応用しながら、古代文学や神道研究に結びつけ、独自の領域を切り開いたのが折口《おりくち》信夫《しのぶ》(釈迢空《しゃくちょうくう》)であった。折口は沖縄調査などによって、日本の古来の信仰のあり方を探求し、異界からの訪問者である「まれびと(客人)」に日本の神の原型を求めた。また、白樺派出身の柳《やなぎ》宗悦が名もない庶民の雑器に美を見出して民芸運動を興したことも、民俗学と関連する運動として注目される。

戦争と宗教

戦争期には左翼活動は弾圧され限定されてきていたので、組織的な弾圧は宗教教団に向けられた。仏教系では、新興仏教青年同盟で社会主義的な活動をした妹尾義郎《せのおぎろう》や(一九三六)、伊勢神宮の大麻(神札)を焼いた創価教育学会(後の創価学会)の牧口常三郎《つねさぶろう》と戸田城聖《じょうせい》らが逮捕された(一九四三)。キリスト教系では、上智大学の学生が靖国神社参拝を拒否して問題となり(一九三二)、カトリック教会は神社参拝を公式に認めた。他方、朝鮮の長老派の信者たちは神社参拝を拒んで大規模な弾圧に遭い(一九三八)、また、再臨思想を説いたホーリネス教会が弾圧された(一九四二)。内地で最大の弾圧は大本教《おおもと》に対するものであった。大本教は、京都綾部の主婦出口なおが神がかりして始められたが(一八九二)、その後出口王仁三郎《おにさぶろう》が協力することで大きく発展した。しかし、二度の弾圧を蒙り(一九二〇、三五)、二度目には、千人近くが検挙され、すべての施設が徹底的に破壊し尽された。狂気とも言える大弾圧がなぜ行われたのであろうか。王仁三郎の主著『霊界物語』(一九二一—三四)は、最高神素神《す》のもと、この世界を統治する国常立をスサノオ(=王仁三郎)が救い出すというSF的な物語であるが、それはアマテラスを中心とする国体神話とまったく異

図20　弾圧により破壊された大本の本部(1935年)

なっている。それゆえ、国家の根幹を揺るがすものとして、絶対に許すことができなかったのである。同じように、神武天皇以前の神統譜を説く竹内巨麿《きよまろ》の竹内文書も弾圧された。

他のキリスト教や仏教の諸派は神社参拝を受け入れ、仏教側の諸宗は、戦勝の祈禱などで積極的に戦争に協力した。とりわけ最大宗派の真宗系では、大谷派の暁《あけ》烏敏《がらすはや》や金子大栄《だいえい》が、天皇を阿弥陀仏と同一視する戦時教学を形成するなど、戦争遂行の中核的な力となった。また、超国家主義者がしばしば熱心な仏教信者であったことも注目される。『原理日本』の三井甲之《こうし》・蓑田胸喜らは親鸞信仰、北一輝・石原莞爾らは日蓮信仰で知られ、皇道塾の大森一声《いっせい》は、戦後には禅の老師大森曹玄《そうげん》として重きをなした。前近代の大伝統以来、仏教は王権と緊密に関係してきたのであるから、国家との関係は当然とも言えるが、とりわけ浄土教の他力や禅の無の思想は、自己を無力化することで無批判になり、滅私奉公につながったと考えられる。

国体明徴により天皇機関説が排除され、天皇の現人神性が強まる中で、天皇を信仰対象とするに至った例として、杉本五郎の『大義』(一九三八)が挙げられる。軍神と呼ばれ、中国戦線で激烈な戦死を遂げた杉本の遺著はベストセラーとなり、映画化もされた。杉本にとって、天皇＝天照大御神は、宇宙最高の唯一神であり、森羅万象すべてが天皇の顕現であるという。その天皇の前で、「私」を無にして御心のままに従うこと以外に生きる道はない、というのである。杉本は臨済宗仏通寺で熱心に参禅し、皇道禅とも言われるが、むしろその天皇信仰を極限まで押し詰めたところに特徴を見るべきであろう。

3　激動の中の哲学

女性の目覚め

徳冨蘆花《ろか》（蘇峰の弟）のベストセラー小説『不如帰《ほととぎす》』（一八九八―九九）は、相思相愛でありながら、家父長制的家制度の中でつぶされる女性の悲劇で、「ああ辛《つら》い！　辛い！――もう婦人《おんな》なんぞに――生れはしませんよ」という浪子のセリフは、女性たちの深い共感を呼んだ。主人公浪子をいじめて離婚に追いやるのは姑であり、実の父親は傷心の彼女を優しく受け止める。家父長制の下で、女が女を苦しめるという屈折した構造を抉り出している。

大逆事件から乃木将軍の殉死は、旧世代にとっては大きな時代の終焉であったが、若い世代にとっては希望に満ちた出発の時代であった。確かに、『白樺』の創刊（一九一〇）、『青鞜《せいとう》』の創刊（一九一一）と新時代を作る流れはこの頃から起こっている。白樺派は、学習院のお坊ちゃまたちの道楽という面があったとしても、院長乃木希典に体現される家父長的権力への反発は、個人の責任に基づく新しい倫理への目覚めであり、人格主義や民本主義に通ずる、明るい近代の方向を示すものであった。

図21　『青鞜』創刊号
(平塚らいてう旧蔵本)

『青鞜』も、当初は平塚らいてうはじめ、良家の奥様、お嬢様方のスキャンダラスなお遊びとして冷たい目を向けられた。彼女たち自身が「良妻賢母」に反抗し、「新しい女」を自称し、タブーを破ろうとして派手な行為で人目を引いた。「元始女性は太陽であつた」というらいてうの宣言文は、決して読みやすいものではない。らいてうの参禅経験やスピリチュアルな表現が入り交じり、論理的な文章というよりは精神的高揚の中で書かれた詩的な文章であるが、今こそ跳び出そうと待機していた女性たちを奮い起こすのに十分な迫力を持っていた。『青鞜』では、イプセンの『人形の家』のノラを手掛かりに、女性の自立から男女の平等や恋愛の自由などが議論された。特に編集が伊藤野枝に代わってからは(一九一五)、貞操・堕胎・売春など、女性が直接関わらざるを得ない切実な問題に関する論争が交わされ、社会問題へ深く切り込んでいくようになった。しかし、野枝が大杉栄と同棲して、神近市子らとの「多角恋愛」でもめるに至って、廃刊した

（一九一六）。

『青鞜』廃刊後、らいてうは結婚や育児を経験して、母性保護論争で与謝野晶子に挑んだ（一九一八）。らいてうは、女性の妊娠・出産・育児は国家によって保護される必要があると説いたのに対して、自らの筆一本で多くの子供を育てた晶子は、国家による母性保護を否定し、女性も男性と同様に国家に頼らずに自立すべきだと論じた。出産・育児をめぐる問題をどう解決するかは、戦争中の銃後の「産めよ、増やせよ」政策などを経て、さらに今日まで引き続く大きな問題である。その後、女性運動は女性参政権を求める運動を中心に展開し、一時は議会で認められる方向に動いたが（一九三一）、戦争の激化に伴って停滞した。市川房枝《ふさえ》らは、積極的に戦争に協力することで女性の地位を認めさせようという方針を取り、大日本婦人会に拠って翼賛体制の中に巻き込まれていった。

政治か芸術か

大正期は、都市生活者の増加によって都会型の生活が定着した。その中で、竹久夢二が象徴するように、流行に敏感で、洒落たセンスの大正ロマン、大正モダンなどと呼ばれる文化が花開いた。関東大震災（一九二三）は帝都を廃墟としたが、市長後藤新平の指揮下にいち早く立ち直り、再び新しい文化の中心地として、銀座をモボ・モガが闊歩するようになった。円本《えんぽん》と呼ばれる比較的安価な文学や美術の全集が各種出版され、岩波文庫の創刊(一九二七)など、教養が市民生活の中に浸透していく。迫りくる戦争の足音を聞きながら、都会のささやかな小市民の生活は、小津安二郎監督の映画に描かれている。

文学の世界では、漱石や鷗外では、生き方の探究と芸術的探究とが一つにまとまっていたのが、両方向に分かれていく。白樺派は倫理的な人生探究の方向が強かったが、その方向を極限まで突きつめ、政治性を正面に据えたのが昭和初期のプロレタリア文学であった。その最盛期は、雑誌『戦旗』に拠って、小林多喜二《たきじ》と徳永直《すなお》が活躍したナップ(全日本無産者芸術連盟)の時代(一九二八―三二)であったが、多喜二が警察で虐殺され(一九三三)、共産党への弾圧が強まる中で終息した。プロレタリア文学では、自然主義以来のリアリズムの手法がますます洗練されていった。

このように文学が政治化することに抵抗し、また単純なリアリズムをも批判して、芸術性を掲げた流れからは、谷崎潤一郎、芥川龍之介、川端康成などがすぐれた作品を生み出していった。もっとも鋭い問題意識をもって出発した芥川が、次第に精神的に追い詰められ、自死に至らざるを得なかったのは、来るべき時代を予兆するものがあった。なお、この時代には、文学評論も重要なジャンルとして独立し、プロレタリア文学では蔵原惟人《くらはらこれひと》らが理論的指導者として活躍し、芸術主義の流れでは、小林秀雄がデビューした。

共産党が壊滅し、戦時体制の締めつけが強くなる中で、日本的伝統に回帰しつつ、政治と一線を画して芸術性を担保した運動として、雑誌『日本浪曼派』(一九三五―三八)が、文学に心を寄せる若者たちの共感を呼んだ。その理論的なリーダーは保田與重郎《よじゅうろう》であった。保田はドイツロマン派に傾倒し、反近代性と濃厚な美意識を屈折の多い文章に託して、『日本の橋』(一九三六)、『後鳥羽院』(一九三九)など、日本の古典に題材を取った作品を送り出した。戦後、保田は戦争を鼓舞したイデオローグとして一身に罪を背負わされたが、実のところ、彼の評論は戦意を高揚させるようなものではなく、むしろ厭戦的な気分に満ちている。保田が共感をもって描き出したのは、はかない日本の美であり、敗残者の精神であった。勇ましい政府の掛け声の陰で、保田が戦争期の精神的支柱になったのは、はじめから無理な戦争に若者たちが死にに行かなければならない不条理な状況ゆえであった。

京都学派と近代の超克

明治の終わりは、哲学の世界でも大きな転換点となった。その大きな画期を作ったのは、西田幾多郎の『善の研究』(一九一一)であった。西田は、一方でベルクソンやジェームズなどの西洋の最新の哲学を採り入れてアカデミズムの哲学の立場に立ちながら、他方でいかに生くべきかという人生哲学的な面を持つことによって、煩悶する青年たちに大きな影響を与えた。もっともそれが広く知られるようになるのは、倉田百三《ひゃくぞう》『愛と認識との出発』(一九二一)によってであり、刊行後十年を経ていた。『善の研究』の基本的立場は純粋経験に求められる。それは個人の意識の根底に流れるものであり、まさしく生命主義的な原理と言える。

西田は京都帝国大学の助教授(一九一〇)から教授となり、哲学を求める若者は、西田を慕って東京よりも京都帝大に集まるようになった。「西田哲学」という呼称は、経済哲学者左右田喜一郎《そうだきいちろう》の論文「西田哲学の方法について」(一九二六)に始まる。その頃、西田は「場所」の哲学へと転換しつつあり、停年退官(一九二八)の後、さらに絶対矛盾的自己同一など、独自の概念を駆使して思索を深めた。晩年は、『日本文化の問題』(一九四〇)などで、慎重な態度を取りながらも、国策に関わる発言を行った。

西田の後継者となったのは、田辺元《はじめ》であるが、「西田先生の教を仰ぐ」(一九三〇)によって西田批判に転じ、「種の論理」によって、西田において弱かった国家や社会の問題を導入した。田辺は多くの学生を戦場に送り出した悔恨から、戦争末期には「懺悔道」を唱え、停年退官後(一九四五)、軽井沢に隠棲して、晩年は「死の哲学」を構想した。

西田の薫陶を受けた若い研究者たちは京都学派と呼ばれる。四天王とされる西谷啓治《にしたにけいじ》・高坂正顕《こうさかまさあき》・高山岩男《こうやまいわお》・鈴木成高《しげたか》は、座談会をまとめた『世界史的立場と日本』(一九四三)において、西洋中心の歴史の終焉から大東亜共栄圏の正当性を主張し、戦争遂行のイデオローグとして活躍した。他方、京都学派左派には戸坂潤《とさかじゅん》や三木清がいる。戸坂はマルクス主義唯物論の立場をとって三枝博音らと唯物論研究会を結成して(一九三二)、反宗教闘争を指導し、『日本イデオロギー論』(一九三五)で京都学派などの観念論を批判した。三木は一九二〇―三〇年代の西洋の哲学を受容し、昭和研究会とも関わりながら、社会哲学的な理論を構想したが、実現しないままに獄死した(一九四五)。京都学派の周辺には、『「いき」の構造』(一九三〇)によって日本美の構造を分析した九鬼《くき》周造《しゅうぞう》や、東西にわたる広い学識をもとに倫理学の体系を構築した和辻哲郎などがいる。

第一次世界大戦後の西洋は、シュペングラー『西洋の没落』(一九一八―二二)をはじめとして、西洋文明、近代文明に対する強い危機感に支配されていた。日本では、その議論を受け売りするとともに、それを乗り越えるのは日本、あるいは東洋の文化だという我田引水の言説へと展開する。京都学派の哲学者だけでなく、文学者や音楽家なども含めて開いた座談会『近代の超克』(一九四三)は世評に高かったものだが、今日読み返してみると、危機感に乏しい雑談に終始し、当時の思想界(と言えるだけのものがあったかどうか自体が分からないが)の限界を露呈することになった。

第十二章　平和の理想と幻想——昭和後期

1　平和と民主

戦後憲法の理想と天皇

一九四五年、無条件降伏を受け入れた日本に対して、連合国総司令部（ＧＨＱ）が設置され、最高司令官としてダグラス・マッカーサー元帥が着任する。そして翌年（一九四六）、日本国憲法が帝国議会で議決されて公布される。その前文は、はなはだ格調高く理想を掲げる。注目すべきはそこに「普遍」という言葉が二度も現われることである。第一は、主権在民の原則に関して、それが「人類普遍の原理」だと宣言している。第二は、恒久平和を念願する箇所で、「自国のことのみに専念して他国を無視してはならない」と述べ、「政治道徳の法則は、普遍的」としている。すなわち、戦後憲法の中心原理である主権在民と平和主義のいずれもが普遍性をもった原理であることを宣言している。

戦後憲法が押しつけであるかどうかの議論はともかく、理念に関して言えば、この普遍性の強調がもっとも特徴的であり、明治憲法との最大の相違点である。明治憲法は、文明国家として欧米に列する原則を立てながらも、あくまでも万世一系の天皇という日本の特殊性に根拠を置くものであった。その特殊性は歴史における一貫性であり、中伝統的に変容されたものであったが、日本の歴史と伝統に根ざそうとしていた。ところが、戦後憲法はその根本原理の根拠として唐突に普遍性が持ち出され、それ以上の探究は断ち切られる。普遍的原理であれば、いつでもどこでも通用しなければならないから、そこには歴史性や特殊性が入り込む余地はない。戦後の小伝統は、中伝統とも、ましてそれ以前の大伝統とも断絶した普遍性に基づいて築かれる。

ところが奇妙なことに、憲法の本文を見ると、冒頭の第一条から第八条までを占めているのは、天皇に関する規定である。前文から続けて読むと、いきなり「天皇」が現われることにとまどうであろう。天皇がどうして普遍に結びつくのだろうか。しかも、よく知られた第一条は、「天皇は、日本国の象徴であり日本国民統合の象徴であつて、この地位は、主権の存する日本国民の総意に基く」とあるが、「象徴」が何を意味するのかはっきりしないし、「国民の総意」がどうやって確認されるかも分からず、その説明もない。これらの天皇条項は、何とか天皇制を維持しようとして、明治憲法を慌てて作り替えたものであり、戦後憲法が押しつけというよりは、旧勢力とGHQの妥協の産物であることを如実に示している。

この年の元日に、天皇はいわゆる「人間宣言」とされる詔書を公布していた。そこで、天皇は自らを「現御神」とすることを「架空ナル観念」と否定し、天皇の地位が「単ナル神話ト伝説」によるものでないとする。それならばどこに根拠があるのか。天皇はそれを、「朕《ちん》ト爾《なんじら》等国民トノ間ノ紐帯《ちゅうたい》ハ、終始相互ノ信頼ト敬愛トニ依リテ結バレ」と、国民との信頼関係に求める。それが憲法第一条の「国民の総意」につながると考えられる。天皇制は「国民の総意」以外に根拠を持たず、総意がどう動くのかに依存するという危うい岐路に立たされた。実際、昭和の終わりどころか、平成に入っても、進歩的と言われる知識人の間では、天皇制は遠からず消滅すべきものと考えられていた。第九条に関する護憲派が、天皇条項に関しては改憲主義というねじれが生ずることになった。そのために、憲法の根幹に関わる象徴天皇のあり方に関する議論はほとんど進まなかった。

平和・経済・再軍備

憲法前文の理想は、ようやく第九条になって現われる。問題の戦争放棄と戦力不保持の条項である。これが日本の武装解除を狙ったものであることは明らかで、冷戦構造の形成の中で、すでにGHQの中でも憲法を改正して、日本を再軍備すべきだという議論が出てきていた。しかし、すべてが戦勝国の身勝手な押しつけとも言えない。第二次大戦の後で、世界中で戦争のあまりに悲惨な経験から平和への希求が切実な訴えとなった。戦争直後に採択されたユネスコ憲章は、「戦争は人の心の中で生れるものであるから、人の心の中に平和のとりでを築かなければならない」と格調高く謳い上げた。それは、第一次大戦後から次第に形成されてきたヒューマニズムに基づくものであったが、唯物論の立場に立つマルクス主義者には観念論として評判が悪かった。

極東軍事裁判判決(一九四八)、サンフランシスコ講和会議(一九五一)と、反対派を押し切りながら、戦後処理が続いた。その間に、東西の冷戦はますます深刻になっていった。中国で共産党支配の中華人民共和国が成立し(一九四九)、朝鮮戦争が始まる(一九五〇)。それを機に、アメリカの要請で警察予備隊が創設され(一九五〇)、保安隊を経て、自衛隊に改変された(一九五四)。こうしてひとまず再軍備が実現したが、第九条との関係で、その位置づけは難しいところがあった。国際法上は軍隊でありながら、国内的にはあくまで自衛のための組織と位置づけられ、一九九二年に至るまで、海外派兵が認められなかった。そのことを盾として、日本は朝鮮戦争にも、その後のベトナム戦争にも派兵せず、かえって戦争特需を挺子に経済発展を遂げることができた。

しかし、そのことは経済面でも、軍事面でもアメリカ依存を強めることになった。サンフランシスコ平和条約の際に結ばれた日米安全保障条約ではアメリカ軍の駐留を認め、日本は極東における米軍展開の重要拠点となった。一九六〇年の日米安保条約改定に当たっては、広範な反対運動が起こったが、岸信介《きしのぶすけ》内閣は退陣と引き換えに成立させた。同時に成立した日米地位協定では、米軍兵に対する第一次裁判権の放棄など、日本の従属性が確定された。沖縄は日本返還（一九七二）の後も米軍基地の中心となり、今日に至るまで基地問題に解決の見通しがついていない。

こうして戦後体制は、表面のタテマエは人類普遍の理想を掲げながら、裏のホンネでは軍事的にも、経済的にもアメリカに依存し、冷戦構造下で西側に組み込まれるという体制が固まった。保守政権がタテマエとホンネを使い分けたのに対して、反対する革新勢力側は次第に護憲主義を強くし、憲法九条の平和主義を掲げ、タテマエを前面に出すようになった。ただ、そのタテマエ主義の底には、大衆の素朴なヒューマニズムの感覚があることを見落としてはならない。

五五年体制の安定

戦後の保守体制において首相となった吉田茂、鳩山一郎、石橋湛山《たんざん》らは、戦前からのオールド・リベラリストであったが、岸信介に至って、公職追放された戦中の官僚が復活した。農地改革によって農地が小作農に解放され、米作保護の農業政策が取られたために、当初保守政権は農村を中心に地盤を固めたが、次第に人口が都市に集中するようになり、都市生活者が新たに注目されるようになってきた。六〇年安保闘争の際に、国会議事堂を囲んだデモ隊に対して、岸はそれを国民のごく一部だとして、銀座や後楽園球場にいる人たちの「声なき声」を聞くと称して、条約改定を強行した。ここにサイレント・マジョリティーである都市の政治的無関心層が、政権の支持基盤として新たに注目されることになった。

それに対する革新派は、戦争直後は共産党が合法化されるとともに、徳田球一《きゅういち》ら投獄されたり亡命したりしていた幹部が熱烈に迎えられ、一時は革命が近いかのような熱狂があふれた。しかし、暴力革命へと突き進む過激さが広範な支持を失い、武装闘争路線を放棄した(一九五五)。その年、保守合同による自由民主党が政権を執り、左右両派の合同した日本社会党が第一野党となって、いわゆる五五年体制が出来上がり、一九九〇年代初めまで四十年近く続いた。冷戦構造を背景に、保守対革新、右翼対左翼、資本家対労働者という二項対立図式が固定化され、左右の均衡によって安定した状態が保たれた。野党側の運動は、しばしば共産党系と社会党系とに分裂して対立し、また社会党右派から民主社会党(民社党)が分かれたために勢力を削がれ、保守政権の補完勢力となって、政権を握ることができなかった。

野党側の中心的な支持勢力は労働組合であった。敗戦後労働運動は大きく盛り上がったが、二・一ゼネストがＧＨＱの命令で中止させられて(一九四七)、沈静化した。その後、総評(日本労働組合総評議会)が結成され(一九五〇)、社会党を支持して長く労働運動の中心となった。労働運動は労働者の労働条件の改善と生活の安定を第一の目標として、春闘における賃金闘争に中心をおいたために、必ずしも体制を否定するものではなかった。とりわけ六〇年安保闘争と同時期に激しく闘われた三井三池闘争が敗北に終わったことにより、急進主義の後退を招いた。

共産党の穏健化以後、暴力革命派は反共産党系の新左翼として学生運動を中心に勢力を強め、六〇年安保闘争時にはブント(共産主義者同盟)が全学連をリードしたが、敗北した。その後、六九年を頂点とする全共闘の運動で盛り上がったが、内ゲバを繰り返して支持を失い、連合赤軍の浅間山荘事件(一九七二)でほぼ壊滅した。新左翼は固定化した左翼運動から離れ、教条的なマルクス解釈に対して自由な視点を導入した。成田闘争や反基地闘争のような地域の運動にも新左翼系の運動家が関わった。そうした政党対立や暴力主義の持ち込みに対して、ベ平連(ベトナムに平和を!市民連合)のように、イデオロギーを排除して広がりを見せた新しい市民運動も生まれた。また、水俣病告発の運動では、政治運動化せずに、公害の告発、その原因究明から裁判闘争、被害者の救済まで、粘り強い運動が続けられた。その中で、石牟礼道子《いしむれみちこ》『苦海浄土《くがいじょうど》』(一九六九)のような深い精神性を湛えた作品も生み出された。

2　新しい政教関係

神道指令と政教分離

戦後の宗教の変革は、ＧＨＱの神道指令(一九四五)に始まる。詳しくは「国家神道、神社神道ニ対スル政府ノ保証、支援、保全、監督並ニ弘布ノ廃止ニ関スル件」というもので、今日広く使われる「国家神道」という言葉はこれによって広められた。国家神道という用語は、「宗派神道或ハ教派神道ト区別セラレタル神道ノ一派、即チ国家神道乃至《ないし》神社神道トシテ一般ニ知ラレタル非宗教的ナル国家的祭祀トシテ類別セラレタル神道ノ一派」と定義された。本指令は表題通り、神道を国家から切り離そうというもので、「本指令ノ目的ハ宗教ヲ国家ヨリ分離スルニアル」と明確に述べられている。それが占領政策の大きな目玉となったのは、国家神道が戦争遂行の中核的な「イデオロギー」であったという認識による。

この指令を受けて神社界は大きく揺れたが、葦津《あしづ》珍彦《うずひこ》の指導で皇典講究所・大日本神祇会・神宮奉斎会の三組織が合同して宗教法人として神社本庁が結成され（一九四六）、大部分の神社を傘下に収めることになった。折口信夫などは神道の宗教化を積極的に評価したが、神社本庁はその憲章（一九八〇）に、「祭祀の振興と道義の昂揚」を掲げ、「敬神尊皇の教学」を興すことを目指すなど、戦前の国家神道の方針を踏襲している。

ところで、神道指令では、宗教と国家の結びつきを排除しているが、その中にも記されているように、国家神道は非宗教とされていた。それならば、それを宗教と見て国家から切り離すというのは矛盾した表現である。その根底には、そもそも西洋のキリスト教をモデルにした宗教概念を日本の神仏に適用することが適切かどうかという問題が潜んでいる。その点が問われたのが、津市の地鎮祭《じちんさい》訴訟であった。津市の体育館建築の際の地鎮祭が神道式で行われたのに、公金が支払われたのは政教分離に反するとして提訴された。最高裁判決では、宗教に関係があるとしても、社会的慣習の範囲内として、訴えは退けられた（一九七七）。しかし、反対の少数意見が付されたように、議論の余地のある問題である。日本の宗教的儀礼がどこまで近代的な宗教概念と合致し、また合致しないかという問題は、明治初期に宗教概念が日本に持ち込まれて以来の難問であった。それは明快な結論を出せるものではなく、曖昧さを残しながらもさらに考えていくべき問題である。

戦後憲法の第二十条の政教分離条項の特徴は、信教の自由ということよりも、国家が特定の宗教に関与することを厳しく禁じている点にある。しかし、そのことは宗教が政治に関与することを禁ずるものではない。神社本庁が中心になって神道政治連盟を結成し（一九六九）、綱領に「神道の精神を以て、日本国国政の基礎を確立せんことを期す」と明記して、政治への働き掛けを強めた。神道政治連盟国会議員懇談会には自由民主党をはじめとする多くの議員が参加し、内閣にも加わって、政策の実現に大きな力を発揮している。

大衆の宗教、知識人の宗教

ともすれば、敗戦後は共産党などの進出によって、宗教の力が弱まったかの印象を与えがちであるが、これは間違っている。むしろ戦後は「神々のラッシュアワー」と呼ばれるほど宗教の大ブームであり、混乱の中で人々の心の拠りどころとなった。戦争直後にブームとなって注目されたのは、踊る宗教として評判になった北村サヨの天照皇大神宮教《てんしょうこうたいじんぐうきょう》や璽光尊《じこうそん》事件を起こした璽宇《じう》である。璽光尊(長岡良子《ながこ》)は天皇の神性を受け継ぐ聖天子と称して、相撲の双葉山、囲碁の呉清源なども信者となって、大規模な活動を行ったが、警察沙汰となった(一九四七)。

戦後、既成仏教教団は戦争協力体制をそのまま引き摺り、真宗大谷派では戦時教学の中心であった暁烏敏が宗務総長となって教団立て直しを図ったように(一九五一)、戦争責任問題はずっと後になるまで問われなかった。その中で、わずかに日本山妙法寺の藤井日達《にったつ》の非暴力平和運動が注目される。むしろ新宗教教団が新日本宗教団体連合会(新宗連)を結成して、積極的な活動に乗り出した(一九五一)。

創価学会は、牧口常三郎の後を承けた戸田城聖が創価教育学会から名を変え(一九四六)、折伏《しゃくぶく》大行進に乗り出し(一九五一)、没後は三代会長池田大作が引き継いだ(一九六〇)。創価学会はもともと日蓮正宗の信者団体であったが(一九九一年破門されて分離)、現世利益と他宗批判によって信者を獲得していった。都市に流入してくる人々で、知識人よりも一般の大衆に広く受け入れられた。日蓮仏法を国教化し、国立戒壇を設立することを目指し、公明党を設立して政界に乗り出した(一九六〇)。このように、もともとは王仏冥合《みょうごう》、政教一致が目指されていたが、言論出版妨害事件を起こして社会問題化したところから、創価学会を基盤としながらも、政教分離に基づく世俗政党として再出発した(一九七〇)。平成に入り、神道政治連盟を母体とする自民党と創価学会を母体とする公明党とが連立して政権を担うようになり(一九九九―二〇〇九、二〇一二―)、今日の日本は政教分離を原則としながらも、宗教を基盤とした勢力によって国家運営がなされている。

戦後、知識人の世界ではこのような大衆の宗教は侮蔑されて相手にされなかったが、その代わりに大きな影響力を持ったのは、内村鑑三の流れを汲む無教会派のキリスト教であった。南原《なんばら》繁《しげる》、矢内原忠雄《やないはらただお》、大塚久雄《ひさお》などが代表であるが、信者でなくても、彼らを通してプロテスタントのキリスト教への共感を持つ知識人は少なくなかった。とりわけ大塚を中心として、マックス・ウェーバーの『プロテスタンティズムの倫理と資本主義の精神』が大きく取り上げられ、脚光を浴びることになった。マルクス主義の唯物論に同調できない知識人は、プロテスタンティズムが西洋特有の近代の合理精神を生んだというウェーバー説に拠りどころを求め、マルクス対ウェーバーは戦後社会科学の大きな議論となった。大塚は『近代化の人間的基礎』(一九四八)において、ウェーバーの言う「呪術(魔術)からの解放」こそが近代的精神のもとになると論じ、従来の日本の宗教の呪術性を脱却しなければいけないと説いた。

ヤスクニとヒロシマの戦後

靖国神社は、もともと戊辰戦争における官軍の死者を祀った招魂社《しょうこんしゃ》(一八六九)に由来し、後に靖国神社として別格官幣社に列された（一八七九）。日清・日露戦争後、戦死者の増加に伴い祭神の数も増し、とりわけ昭和の戦争によって、祭神は二四六万柱を超えている。このように、神社としてもきわめて特異な性格を持っている。維新の功臣を祀る顕彰神的な神社と近いところもあるが、一般の兵士を祀り、慰霊的な要素も持っている。英霊という言葉がその重層的な性格を示している。しかし、もともと幕府軍の死者は祀られないように、中世以来の「怨親平等」の原則とはまったく異なっている。軍部が運営に関与して、軍事墓地的な性格を有する。ただし、遺骸や遺骨を葬った墓地ではなく、あくまでもその霊を神として祀っているところが異なる。遺骨は故郷の寺院の墓地に埋葬するのが普通であるから、死者は二重に祀られることになる。柳田国男の『先祖の話』（一九四六）は終戦近くに書かれ、戦後出版されたものであるが、若くして亡くなって子孫のいない戦死者の霊は、靖国に祀られても、先祖として祀られないという危機感から、先祖を神として祀る日本人の信仰を論じたものである。

図22　靖国神社に詣でる戦死者の遺族たち（1951年）

靖国神社は神道指令後の政教分離により国家護持を離れ、宗教法人となったが、その後も戦没者の氏名を厚生省から送付するなど、国家との関係を保ち続けた。再度国家護持に戻そうとする靖国神社法案はたびたび国会に提出されたが、実現しなかった。A級戦犯を合祀(一九七八)したことにより、首相や閣僚の参拝は国内のみならず、中国や韓国からも批判され、しばしば外交問題ともなってきた。このように、靖国問題は戦後の政教関係の難しさを象徴している。

靖国神社に対して、広島の原爆死没者の慰霊は無宗教で行われている。平和記念公園の中心となる原爆死没者慰霊碑には死没者の名簿が収められているが、正式の名称は広島平和都市記念碑であり、そこには慰霊という言葉は入っていない。その理由は、憲法第二十条を厳密に守ったからだと説明されている。そこから、広島は慰霊よりも原爆の悲劇を繰り返すなという平和運動の原点として捉えられた。峠三吉『原爆詩集』(一九五一)の「にんげんをかえせ」は、反原水爆運動のスローガンとして人口に膾炙された。しかし、この平和運動も共産党系の原水協と社会党系の原水禁に分裂し(一九六五)、政治が持ち込まれることで十分な力を発揮できなかった。なお、同じ被爆地でも長崎は浦上天主堂を中心とした地域が被害を受けたことから、カトリックを中心としたキリスト教が復興や平和運動の中心となり、永井隆の『長崎の鐘』(一九四九)がベストセラーになるなど、広島と異なった展開を示した。

3　知識人から大衆文化へ

戦後知識人の諸相

戦後すぐには、解放されたマルクス主義系の政治家や思想家が大きな影響力を持った一方で、戦前に自由主義的な立場から戦争に懐疑的だったオールド・リベラリストと呼ばれる政治家や思想家が活発な活動を展開した。思想界では、津田左右吉、和辻哲郎、鈴木大拙らが、天皇制を維持しつつ、反共的、保守的な自由主義の立場を取った。最初、岩波書店の雑誌『世界』に拠ったが(一九四五)、その保守主義が新鮮味を持たないことから失望されて、雑誌『心《こころ》』に移った(一九四八)。

代わって戦後思想界の中心に躍り出たのが、丸山眞男であった。『世界』に発表されたデビュー作「超国家主義の論理と心理」(一九四六)は、日本の(超)国家主義の特徴を公私の不分離に求めて鋭利に分析したもので、西洋の政治史をベースに持ちながら、マルクス主義ともオールド・リベラリストともまったく異なり、戦前の体制を突き放した目で解明したところに共感が集まった。大塚久雄がもっぱら西洋の経済史に拠りどころを求めたのに対して、丸山は『日本政治思想史研究』(一九五二)に見られるように、日本近世以来の思想史上に立って、同時代まで捉えることができたところに大きな特徴があった。その根本は、荻生徂徠に自然の秩序と別の作為の論理の成立を見るところからも知られるように、明確な責任を持った個人がもとになって社会・国家の秩序を作るべきだというところにあった。そのことは、『日本の思想』(一九六一)において、「である」

ことに対して「する」ことを重視したところに、分かりやすく論じられている。

丸山があくまでもアカデミックな場に基盤を持ち、知識人としての矜持を維持したのに対して、異なるタイプの知識人として鶴見俊輔がいる。鶴見は日米開戦の中でハーヴァード大学を卒業して帰国した経歴を持ち、アメリカのプラグマティズムをいち早く取り入れ、『アメリカ哲学』(一九五〇)で本格的にデビューした。日本の対米従属に一貫して反対するとともに、教条主義的なマルクス主義も採らず、アカデミズムにも籠らずに大衆文化との接点を求め続けた。丸山も同人に迎えて姉の鶴見和子らと雑誌『思想の科学』を創刊し(一九四六)、共同研究『転向』(一九六二)で高い評価を受けた。小田実らとべ平連を結成したり(一九六五)、『限界芸術論』(一九六七)で漫画などを含む大衆文化を評価するなど、常にアカデミズムの硬直化を否定し、行動する知識人として新鮮な問題提起を続けた。

戦後知識人としては、丸山門下の藤田省三《しょうぞう》や橋川文三《はしかわぶんそう》、独自のアジア主義者竹内好《よしみ》、京都大学人文科学研究所の共同研究を率いた桑原武夫、マルクス主義の主体性論を提起した梅本克己、西洋文化の素養を持つ加藤周一、社会学者清水幾太郎《いくたろう》などが知られる。保守系は劣勢であったが、復活した京都学派の高坂正顕らの他、小泉信三、福田恆存《つねあり》らが活躍し、『文藝春秋』がその拠点となった。また、アメリカ側の視点からルース・ベネディクトの『菊と刀』(一九四六、和訳一九四八)が大きな反響を呼び、西洋の「罪の文化」に対する日本の「恥の文化」という規定は、その後盛んになる日本論の嚆矢となった。

知識人の終焉

六〇年安保闘争は、戦後知識人が集結し、学生運動、大衆運動と結びつくことで盛り上がりを見せた。その中で特に注目されたのが、新進の文学者たちの集まりである「若い日本の会」であった。大江健三郎、石原慎太郎、江藤淳、寺山修司、谷川俊太郎ら、若手の作家や評論家が集結した。彼らは特定の政治的立場に立つというわけではなく、むしろ旧世代に対する新世代のアピールという面を強く持っていた。実際、その後左翼的立場を堅持した大江に対して、石原や江藤は保守的な傾向を強め、三島由紀夫らとともに右派の文化人の中核として活躍するようになった。

六〇年安保の敗退はそれまで中心的に論壇を率いてきた戦後の進歩派知識人の限界を露呈し、その影響力は低下した。戦後復興から高度経済成長へと移り、「もはや戦後ではない」(『経済白書』一九五六)とか、「昭和元禄」(一九六四)などと言われるようになった。その中で、大学のアカデミズムの世界も大きく変容した。戦前の制度では三年制の旧制高等学校を経て、大学も三年制であり、九つの帝国大学を中心とした少数エリート教育により、国や学界の指導者の養成を目的としした。学生たちは高校で教養を身に付けるとともに人格を磨き、大学での専門教育によってエリート指導者に育っていった。それに対して、戦後の教育制度は学校教育法(一九四七)によって定め

図 23　全共闘運動(東大安田講堂前, 1968 年 6 月)

られ、六・三・三・四制が採用され、旧制高校の果たした役割は大学の教養課程に託された。帝国大学の他、各地の師範学校や専門学校が国立大学となり、また多数の私立大学が設立された。このために一九七〇年代には男性の大学進学率は三〇パーセント台となって、駅弁大学と揶揄されるようになり、大学の大衆化が一気に進んだ。旧制高校以来の人格形成と一体化した教養の理念は崩壊し、その理念のもとで、総合知のレベルから大きな見通しをもって発言することのできる知識人というジャンルも消滅することになった。それはあたかも文学の世界で、川端康成や三島由紀夫以後、「文豪」という言葉が消えるのと軌を一にする。大学は特定の専門知識や技術を身に付けたテクノクラートの養成が目的となった。

ちょうどその大きな転換期をなす六〇年代後半に、全共闘運動が活発化した。六〇年安保闘争が学生運動を一つの核としながらも大衆的政治運動となったのに対して、全共闘運動は七〇年安保改定反対運動とも関わりながらも、基本的には大学改革を目指す大学内の運動として展開した。もっとも激しい運動が起こったのが、旧帝大系の代表である東京大学と、大衆大学の代表とも言える日本大学であったのは象徴的であった。また、戦後知識人の代表格の丸山眞男が全共闘から集中攻撃を受けたのは、時代の転換を如実に示している。

丸山に代わって全共闘世代にカリスマ的な人気を誇ったのが吉本隆明《たかあき》であった。吉本は左翼運動の中から出発しながら、マルクス主義の教条化を否定し、他方では丸山らの知識人をも批判し、また大学に職を求めずに自立した思想形成を目指して、学生たちの共感を呼んだ。『共同幻想論』(一九六八)では、国家をフィクションとしての共同幻想と見、それが小規模な共同体から国家へと形成される諸相を民俗学的な理論を用いて展開した。

女性参政権からフェミニズムへ

戦後の主要な思想展開は、いまだ男性が中心になっていたが、戦後ただちに女性参政権が認められ、最初の衆議院議員選挙(一九四六)では三十九名の女性議員が誕生して、女性の進出を印象づけた。憲法第十四条はすべての国民の法の下の平等を謳い、性別を含むあらゆる差別を禁止した。具体的に重要な意味を持ったのは、民法の改正(一九四七)であった。それは戦前の家督権をすべて廃止し、それによって家の制度が崩壊することになった。相続するのは家督ではなく、財産のみであり、それも男女にかかわらず均分相続される。こうして、ひとまず法的な面で戦前の家父長制は崩壊した。教育面においても、教育基本法で男女共学が原則とされ、戦前には一部に限られていた女性の大学進学も一般化した。もっとも旧制の女子師範学校や女子専門学校が女子大となったために、必ずしも共学の理念は実現しなかった。

　このように上からの女性解放がなされたために、「戦後強くなったのは女と靴下」と揶揄され、男性優位の意識は長く変わらなかった。一九六〇年代には従来の農村型の大家族に代わって都会のサラリーマンの核家族が標準的な家庭となっていった。農村型の大家族では女性も重要な労働力であったし、戦後すぐには女性も働かなければ経済的に成り立たなかったが、都会型の核家族では、大都市郊外の団地で生活し、夫は会社に出勤し、妻は専業主婦として家事と育児を担当するという分業がもっとも標準的となった。テレビ・洗濯機・冷蔵庫の「三種の神器」の普及で家事労働が軽減され、専業主婦一人で可能となった。このように、戦前の家父長的な体制や意識は変わったが、男性優位の分業体制は変わらなかった。

　こうした男性優位の状態は一九七〇年前後の全共闘や新左翼においても同じであった。その中で、それに疑問を持つ女性たちによって、同時代の海外からの刺激も受けながらウーマンリブの運動が興された。その最初の旗手田中美津《みつ》は「便所からの解放」(一九七〇)を合言葉に、女は男の便所ではないと主張して、女性自身の自立した生き方を求めた。しかし、当時は突出した一部の女性だけの過激な運動と見られ、必ずしも社会に広く浸透できなかった。

　そうした七〇年代のリブ運動を受けて、八〇年代のフェミニズム運動をリードしたのは上野千《ち》鶴子《づこ》であった。八〇年代は新左翼の運動も収束し、わずかにニューアカデミズムの軽い思想が好まれ、思想界は低迷していた。その中で、上野は性的な語彙をふんだんに使った刺激の強い挑発的な文章で物議を醸しながら、男性優位社会の中に斬り込んだ。七〇年代から一億総中流と言われる時代の中で、ある程度経済的に安定した階層の女性たちの不満や問題意識を汲み上げ、彼女たちの共感を呼んだ。また、理論的な主著『家父長制と資本制』(一九九〇)においては、マルクス主義フェミニズムの立場から家父長制と資本制という二つの原理の交錯によって日本の近代を読み解き、新鮮な問題提起を行った。

男女雇用機会均等法の成立(一九八五)などで、女性の労働環境は一応法的に整えられたが、平成を過ぎ、令和の今日に至ってもなお、女性をめぐるさまざまな問題は解決していない。また、LGBTと言われる性的マイノリティーの問題が新たに注目されるようになって、ジェンダー問題は今日ますます大きくなっている。

むすび——幻想の終焉〔平成〕

象徴天皇という物語

年号が変わることが果たして大きな時代の転換になるのかどうか分からないが、昭和天皇の死（一九八九）によって昭和から平成に移ったことは、日本人の意識の上にもかなり大きな刻印を与えた。これまで議論を避けられ、いずれ自然消滅するかのように考えられていた天皇制が、改めて重みをもって現われ、憲法に規定された象徴天皇が何を意味するか、考えなければならなくなった。

おそらくそれをもっとも深刻に受け止めたのは、新しく即位した天皇自身であった。在位中、昭和期の戦争の激戦地を巡礼のように慰霊の旅を続け、また、大災害が起こると被害者を励ましに赴いた。それは憲法に規定された国事行為を外れるものであったが、天皇自身は「象徴としての務め」と認識していた。それはあたかも、昭和天皇が避けとおした戦争責任に対する贖罪の旅のようであった。そのような旅は国事行為外であるから、私的な行為になるのかというと、そうは言えないであろう。国事行為でもなく、私的行為でもない公的な活動が「象徴」の内実となり、そこに「国民の総意」が形成されるという暗黙のルールが作られていくことになる。こうして象徴天皇が何であるかは、天皇の側から積極的に提示されてきたが、それを受け止めて議論していく土壌は必ずしも十分に固められているとは言えない。

それとともに、天皇の代替わりにおいては、それに関わるさまざまな儀礼が再認識され、注目される機会となる。とりわけ即位の年に行われる大嘗祭は、天皇の伝統におけるもっとも重要な儀礼とされるが、もちろん国事行為には含まれず、それならば純然たる私的な行為であるかというと、そうも言えないであろう。天皇の日常は多様な宮中祭祀を核として成り立っている。それらの多くは明治になって再構築されたものであるが、もともと儀礼の継承は、大伝統以来天皇のもっとも中心的な職務であった。それらを国民の側でどう受け止めるべきかも、これまで議論されてこなかった。

退位の問題に関しても、天皇自身が自発的に提起するまで、議論は行われなかった。それらを含めて、象徴天皇の議論はまだ手探りで始まったばかりである。天皇は憲法上政治的行為を禁じられている。しかし、天皇をめぐる議論は、多くの場合政治的立場と結びつきやすく、また大きな宮中行事は政府の政治的宣伝と結びつく可能性がある。それらを乗り越えてどのように有効な議論がなされ得るか、それはこれからの課題である。

冷戦と五五年体制の終結

昭和の終わりはもちろん日本国内だけのことであるが、まったく期せずして世界的な大変動と時を同じくすることになった。それは冷戦の終結である。平成が始まったその同じ年(一九八九)にベルリンの壁が崩壊し、翌年には東西ドイツが統一された。それと並行して東欧の共産党政権が次々と倒され、ついには一九九一年にソヴィエト連邦が解体されてロシア連邦となり、エリツインが初代大統領となった。中国、北朝鮮、キューバなどの少数の国が社会主義体制を残しているが、従来の東西の対立はなくなり、冷戦は終結することになった。

冷戦の終結は、フランシス・フクヤマによって「歴史の終わり」と称されたが、決して望ましい状態になったわけではなかった。むしろこれまでは東西の対立によって相互に牽制し、緊張状態の中に平和が保たれていたのが、その対抗軸が崩壊することで、世界各地に制御のきかない紛争が勃発する状態となった。すでに一九九一年には、前年のイラクのクウェート侵入を受けて、アメリカを中心とした多国籍軍がイラクを攻撃し、湾岸戦争が勃発した。その終結後も中東の緊張は続き、九・一一の同時多発テロ事件(二〇〇一)の衝撃をきっかけに憎しみの連鎖がますます増幅し、イラク戦争(二〇〇三)に至った。一時的な「アラブの春」(二〇一〇—一二)に希望が託されたこともあったが、イスラム過激派の活動が活発化するなど、ほとんど収拾がつかない状態が続いている。

サミュエル・P・ハンチントンの『文明の衝突』(一九九六)は、冷戦後の世界構造を七または八の文明圏の間の相互衝突として理論づけた。しかし、実際はそのような大きなブロックがまとまるわけでもなく、ブロック内でもつばぜり合いが生じて、ほとんど理念なき闘争状態となっている。アメリカ一国の強国化に対して、新たにアジアを中心に中国が勢力を伸ばし、制御のきかない覇権主義が横行するようになった。

冷戦の終結は、日本国内の政治状況にもただちに影響を及ぼした。政権与党である保守系の自由民主党と、それに対抗する野党の日本社会党とが二党対立で安定状況を作っていた五五年体制は、冷戦の終結と、あわせてバブル景気の崩壊の影響で大きく揺らいだ。一九九三年には、日本新党の細川護熙《もりひろ》を首班とする非自民連合政権が誕生して、自民党は初めて野に下った。それによって五五年体制は完全に終結した。その後も政党の離合集散によって政治的に不安定な状態が続いたが、一九九九年に公明党が自民党と連立するようになってからは、一時的に民主党が政権を取った時期(二〇〇九―一二)を除いて、自公連立政権が次第に安定を増して、安倍晋三首相による長期政権(二〇一二―)が続いている。

理想の消失

思想史的に見れば、冷戦と五五年体制の終結は、二十世紀を通して世界をリードしてきたマルクス主義の敗退という点で、大きな意味を持つ。マルクス主義はカール・マルクスと盟友のフリードリヒ・エンゲルスの思想に基づきながら、ロシア革命を指導したレーニンの思想を加味して、マルクス・レーニン主義として確立された。それは、科学的社会主義を標榜するように、近代西洋思想の発展上に立ち、合理主義的な唯物論哲学の基盤の上に、歴史もまた科学的に解明されると考える。すなわち、原始共産制から古代奴隷制・中世封建制・近代資本制と発展し、その先は理想的な社会主義社会が実現されるというのである。現実の社会主義国が必ずしも理想的と言えないのは、いまだ革命途上だからと説明される。

このような特定の思想に基づいて多数の国家が存立するのは、近代世俗国家になってからはなかったことであり、壮大な実験であった。しかし、資本家の搾取から解放されて大いに発展するはずの経済が停滞し、政治的にも個人の自由の許されない強権的な全体主義体制が限界に達して、ついに崩壊することになったのである。

このことは、国際政治上のバランス崩壊というだけでなく、思想史的にも大きな意味を持つことになった。マルクス主義は、戦後の哲学・経済学・歴史学などの分野では、ほとんど主流と言ってよいほどの力を持っていた。厳格なマルクス主義者でなくとも、あるいはマルクス主義の批判者であっても、何らかの形でマルクス主義を横目で見ながら、部分的に摂取したり、修正して活用することがしばしば行われた。マクロの視点で、過去の歴史を捉えたり、未来の展望を描こうとするならば、マルクス主義はきわめて好都合な理論であった。何といっても未来に理想社会を描き、そこへ向かって努力するということは、我々の行為に希望と目標を与えてくれる。今ある社会主義国家がだめだとしても、目標そのものが間違っているわけではない。いわば山登りするのに、ルートが間違っていて、行き止まりになったようなものであり、別のルートを取れば、山登りそのものを諦める必要はないはずだ。

ところが、マルクス主義を採用したほぼすべての国家が失敗したということは、どのようなルートを取っても、目標とする山に登るのは困難だということを意味する。あるいはもしかしたら、そこに山があるということ自体が見間違いであったかもしれない。すべての人が自由で、平等で、平和で、満足できる社会など、所詮実現不可能なユートピアであり、夢見るほうが愚か、ということになる。そのことは、マルクス主義だけでなく、その大本である近代的な進歩主義全体が疑問に曝されることである。世界中の国々が平和を目指して国際連合に集まった熱気は、過去のものとなりつつある。「人の心の中に平和のとりでを築かなければならない」というユネスコ憲章の理想もほとんど忘れ去られようとしている。一九九〇年代以後は、まさしく理想と希望と展望を喪失した時代に陥っている。

世界全体が協力して目指す方向性を失った今日、おそらくこれからはどの国も自国中心主義が強まり、強いもの勝ちの覇権主義や異民族・弱者・少数者を排斥するような動向はますます顕著になるであろう。そして、日本も例外ではない。その中で、手前勝手な自尊主義に陥るのではなく、冷静に自国の過去の思想を振り返り、現状を的確に認識することこそが、本当の未来を切り開いていくのではないだろうか。

災害・テロと大量死

平成の時代に入ってもう一つ顕著なことは、災害やテロ行為によって一度に大量の死者が生ずることが、次々と起こって常態化したことである。もちろん大量死は何よりも戦争によって生ずることであり、前章に見たように、昭和の戦争による死者の問題はいまだに解決していない。しかし、戦後の時期は、死者の慰霊よりもまず復興であり、死者の問題はともすればその陰に隠れがちであった。それに対して、発展が一段落した後、平成へ入ってからの大量死の問題は、平時だけに大きな衝撃を与えることになった。

その最初は、一九九五年の阪神・淡路大震災であり、その衝撃が冷めやらないうちに、今度は東京でオウム真理教による地下鉄サリン事件が起こった。阪神・淡路大震災は六千人を超える死者が出た。これまでにない大災害であったが、いちばん大きな被害があったのが神戸という大都市であったので、交通の便もよく、ただちに多くのボランティアが駆けつけて、救助や復興の力となった。それはその後のボランティア活動のモデルケースとなった。また、身内が目の前で亡くなるのをどうしようもなかった遺族のＰＴＳＤ（心的外傷後ストレス障害）が大きな問題となり、精神科の医師たちが対応に当たった。

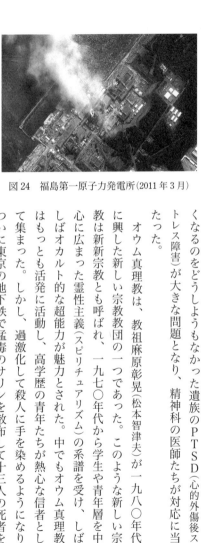

オウム真理教は、教祖麻原彰晃（松本智津夫）が一九八〇年代に興した新しい宗教教団の一つであった。このような新しい宗教は新新宗教とも呼ばれ、一九七〇年代から学生や青年層を中心に広まった霊性主義（スピリチュアリズム）の系譜を受け、しばしばオカルト的な超能力が魅力とされた。中でもオウム真理教はもっとも活発に活動し、高学歴の青年たちが熱心な信者として集まった。しかし、過激化して殺人に手を染めるようになり、ついに東京の地下鉄で猛毒のサリンを散布して十三人の死者を出す事件を起こすに至った（一九九五）。それは政治テロに代わる宗教的なテロとして、ある意味では、九・一一のアメリカの同時多発テロ（二〇〇一）にもつながる面を持っていた。

図24　福島第一原子力発電所（2011年3月）

二〇一一年三月十一日の東日本大震災は、地震に伴う津波、そして福島の原子力発電所の事故と複合することで、歴史上かつて見ない大災害となった。地域的にも、交通の不便な過疎地域を含み、救助や復興に困難を極めた。その中で、死者の埋葬や供養という問題が大きな課題となり、宗教・文学・思想にまでわたる深刻な問題を引き起こした。原発の廃炉問題とも絡んで、いまだに解決のつかない多くの問題が残されている。

このように見てくると、平成期は国内の平和は保たれながらも、戦後小伝統の頂点を過ぎ、少子高齢化や地球環境の悪化などの問題も含めて、近代のツケが回ってきて、次第に困難を深めてきた時代と捉えられよう。それが令和になってただちに解決するとは思われない。それだけに短期的な付け焼刃の対応ではなく、じっくりと腰を据えて、日本人がどのような思想を築いてきたのか振り返り、その根底から今後の私たちの生き方を考え、作り上げていくことが必要である。思想は決して単純に進歩していくなどということはない。一見近代の合理化の中に消えてしまったかのように見える死者の問題も、改めて中世を出発点として見直していくならば、じつは近代になっても神葬祭からヤスクニまで、重要な流れをなしていたことが分かってくる。東日本大震災の死者の問題も、こうした長いスパンの思想の流れを前提として考えていかなければならない。

一見迂遠のようだが、こうして過去を一つひとつ丹念に掘りおこし、確認していく作業こそ、いま本当に求められていることだ。過去をしっかり踏まえることによって、一見行き詰まっているかのような現代の状況の中で、今度は新たに未来へ向けての希望と展望が必ずや開けてくるに違いない。

参考文献

原典

『日本思想大系』全六十七巻　岩波書店　一九七〇―八二
『日本の思想』全二十巻　筑摩書房　一九六八―七二
『日本の名著』全五十巻　中央公論社　一九六九―八二
『日本近代思想大系』全二十三巻＋別巻一巻　岩波書店　一九八八―九二
『近代日本思想大系』全三十六巻　筑摩書房　一九七五―九〇
『現代日本思想大系』全三十五巻　筑摩書房　一九六三―六八
『リーディングス　戦後日本の思想水脈』全八巻　岩波書店　二〇一六―一七

概説

石田一良編『日本思想史概論』吉川弘文館　一九六三
石田一良編『思想史』(体系日本史叢書)全二巻　山川出版社　一九七六、二〇〇一
今井淳・小澤富夫編『日本思想論争史』ぺりかん社　一九七九
苅部直『日本思想史への道案内』NTT出版　二〇一七
苅部直『日本思想史の名著30』ちくま新書　二〇一八
苅部直・片岡龍編『日本思想史ハンドブック』新書館　二〇〇八

苅部直他編『日本思想史講座』全五巻　ぺりかん社　二〇一二―一五
苅部直他編『岩波講座日本の思想』全八巻　岩波書店　二〇一三―一四
子安宣邦編『日本思想史』(ブックガイドシリーズ　基本の30冊)人文書院　二〇一一
佐藤弘夫編集代表『概説日本思想史』ミネルヴァ書房　二〇〇五
清水正之『日本思想全史』ちくま新書　二〇一四
末木文美士『日本の思想をよむ』角川書店　二〇一六
古川哲史・石田一良編『日本思想史講座』全八巻＋別巻二巻　雄山閣出版　一九七五―七八

辞典・事典

石毛忠他編『日本思想史辞典』山川出版社　二〇〇九
石田一良・石毛忠編『日本思想史事典』東京堂出版　二〇一三
子安宣邦監修『日本思想史辞典』ぺりかん社　二〇〇一
日本思想史学会編『日本思想史事典』丸善　二〇二〇(近刊)

特定分野・関連分野に関するもの

＊ 最近の文庫・新書を中心に、できるだけ広い範囲を扱った日本語の論著をあげる。原則として副題は略した。本文中に挙げた本は略した。同一著者のものは二冊までに留めた。詳しい目録として、『日本思想史講座』(ぺりかん社)第五巻所収の「日本思想史関係文献一覧」がある。

葦津珍彦『新版　国家神道とは何だったのか』神社新報社　二〇〇六
阿部泰郎『中世日本の世界像』名古屋大学出版会　二〇一八
網野善彦『日本社会の歴史』全三巻　岩波新書　一九九七
家永三郎『日本道徳思想史』岩波全書コレクション　二〇〇七
石井公成『東アジア仏教史』岩波新書　二〇一九
石川公彌子『〈弱さ〉と〈抵抗〉の近代国学』講談社選書メチエ　二〇〇九
伊藤聡『神道とは何か』中公新書　二〇一二
今谷明『室町の王権』中公新書　一九九〇
色川大吉『明治精神史』全二巻　岩波現代文庫　二〇〇八
植村和秀『昭和の思想』講談社選書メチエ　二〇一〇
大桑斉『寺檀の思想』教育社歴史新書　一九七九
大隅和雄他『日本思想史の可能性』平凡社　二〇一九
大谷栄一他編著『日本宗教史のキーワード』慶應義塾大学出版会　二〇一八
大津透他『天皇の歴史』全十巻　講談社学術文庫　二〇一七―一八
大津透編『王権を考える』山川出版社　二〇〇六
オームス、ヘルマン・黒住真他訳『徳川イデオロギー』ぺりかん社　一九九〇
岡田荘司編『日本神道史』吉川弘文館　二〇一〇
小川豊生『中世日本の神話・文学・身体』森話社　二〇一四
小熊英二『〈民主〉と〈愛国〉』新曜社　二〇〇二

小倉紀蔵『朝鮮思想全史』ちくま新書　二〇一七
笠谷和比古『武士道の精神史』ちくま新書　二〇一七
片山杜秀『近代日本の右翼思想』講談社選書メチエ　二〇〇七
鹿野政直『日本の近代思想』岩波新書　二〇〇二
苅部直『維新革命への道』新潮選書　二〇一七
神田千里『戦国と宗教』岩波新書　二〇一六
川村邦光『性家族の誕生』ちくま学芸文庫　二〇〇四
菅野覚明『神道の逆襲』講談社現代新書　二〇〇一
岸本美緒『東アジアの「近世」』山川出版社世界史リブレット　一九九八
金文京『漢文と東アジア』岩波新書　二〇一〇
久野収・鶴見俊輔『現代日本の思想』岩波新書　一九五六
久野収・鶴見俊輔・藤田省三『戦後日本の思想』岩波現代文庫　二〇一〇
黒住真『文化形成史と日本』東京大学出版会　二〇一九
黒田俊雄『日本中世の国家と宗教』岩波書店　一九七五
小島毅『朱子学と陽明学』ちくま学芸文庫　二〇一三
小島毅『増補　靖国史観』ちくま文芸文庫　二〇一四
子安宣邦『鬼神論』白澤社　二〇〇二
子安宣邦『江戸思想史講義』岩波現代文庫　二〇一〇
昆野伸幸『近代日本の国体論』ぺりかん社　二〇〇八

酒井直樹『日本思想という問題』岩波書店　一九九七
阪本是丸『近代の神社神道』弘文堂　二〇〇五
坂本慎一『ラジオの戦争責任』ＰＨＰ新書　二〇〇八
佐藤哲朗『大アジア思想活劇』サンガ　二〇〇八
佐藤弘夫『「神国」日本』講談社学術文庫　二〇一八
佐藤正英『日本倫理思想史』東京大学出版会　二〇〇三
島内景二『大和魂の精神史』ウェッジ　二〇一五
島薗進『国家神道と日本人』岩波新書　二〇一〇
島薗進『神聖天皇のゆくえ』筑摩書房　二〇一九
清水克行『戦国大名と分国法』岩波新書　二〇一八
新村拓編『日本医療史』吉川弘文館　二〇〇六
末木文美士『近世の仏教』吉川弘文館　二〇一〇
末木文美士『日本思想史の射程』敬文舎　二〇一七
鈴木貞美『「生命」で読む日本近代』ＮＨＫブックス　一九九六
鈴木貞美編『大正生命主義と現代』河出書房新社　一九九五
関口すみ子『御一新とジェンダー』東京大学出版会　二〇〇五
曽根原理『神君家康の誕生』吉川弘文館　二〇〇八
瀧井一博『文明史のなかの明治憲法』講談社選書メチエ　二〇〇三
竹内整一『「おのずから」と「みずから」』春秋社　二〇〇四

田尻祐一郎『江戸の思想史』中公新書 二〇一一
檀上寛『天下と天朝の中国史』岩波新書 二〇一六
辻本雅史『「学び」の復権』岩波現代文庫 二〇一二
土田健次郎『江戸の朱子学』筑摩選書 二〇一四
中島岳志『保守と大東亜戦争』集英社新書 二〇一八
中村春作他編『「訓読」論』勉誠出版 二〇〇八
ナジタ、テツオ・平野克弥編訳『Ｄｏｉｎｇ思想史』みすず書房 二〇〇八
西村玲『近世仏教論』法藏館 二〇一八
野口武彦『江戸の歴史家』ちくま学芸文庫 一九九三
早川紀代『近代天皇制と国民国家』青木書店 二〇〇五
原武史『〈出雲〉という思想』講談社学術文庫 二〇〇一
原武史『可視化された帝国 増補版』みすず書房 二〇一一
尾藤正英『日本文化の歴史』岩波新書 二〇〇〇
尾藤正英『江戸時代とはなにか』岩波現代文庫 二〇〇六
藤田覚『幕末の天皇』講談社学術文庫 二〇一三
藤田正勝『日本哲学史』昭和堂 二〇一八
ブリーン、ジョン『儀礼と権力 天皇の明治維新』平凡社 二〇一一
前田勉『兵学と朱子学・蘭学・国学』平凡社 二〇〇六
前田勉『江戸後期の思想空間』ぺりかん社 二〇〇九

松沢裕作『自由民権運動』岩波新書　二〇一六
松本三之介『明治精神の構造』岩波現代文庫　二〇一二
松本三之介『明治思想史』以文社　二〇一八
溝口雄三他『中国思想史』東京大学出版会　二〇〇七
三谷太一郎『日本の近代とは何であったか』岩波新書　二〇一七
源了圓『徳川思想小史』中公新書　一九七三
村井早苗『天皇とキリシタン禁制』雄山閣出版　二〇〇〇
村井章介『分裂から天下統一へ』(シリーズ日本中世史4)岩波新書　二〇一六
村上重良『国家神道』岩波新書　一九七〇
村上重良『天皇の祭祀』岩波新書　一九七七
桃裕行『上代学制の研究』吉川弘文館　一九八三
森和也『神道・儒教・仏教』ちくま新書　二〇一八
八木公生『天皇と日本の近代』全二巻　講談社現代新書　二〇〇一
安丸良夫『日本の近代化と民衆思想』平凡社ライブラリー　一九九九
安丸良夫『近代天皇像の形成』岩波現代文庫　二〇〇七
山泰幸『江戸の思想闘争』角川選書　二〇一九
吉田孝『歴史のなかの天皇』岩波新書　二〇〇六
吉田光邦『日本科学史』講談社学術文庫　一九八七
若尾政希『「太平記読み」の時代』平凡社ライブラリー　二〇一二

和島芳男『中世の儒学』吉川弘文館　一九六五
渡辺浩『東アジアの王権と思想　増補新装版』東京大学出版会　二〇一六
渡辺浩『日本政治思想史——十七～十九世紀』東京大学出版会　二〇一〇

英文

J. Heisig, Th. Kasulis & J. Marald (ed.)（2011）*Japanese Philosophy: A Sourcebook*, University of Hawai'i Press.
Thomas P. Kasulis（2018）*Engaging Japanese Philosophy: A Short History*, University of Hawai'i Press.
Bret W. Davis (ed.)（2019）*The Oxford Handbook of Japanese Philosophy*, Oxford University Press.

図版出典一覧

図1〜図5　著者作成
図6　『岩波　仏教辞典』第二版、岩波書店、二〇〇二年、一〇九二頁
図7　築島裕『訓点語彙集成』第一巻、汲古書院、二〇〇七年、一六八頁
図8　守屋壽コレクション・広島県立歴史博物館寄託。同館提供
図9、図11　国文学研究資料館
図10　清浄光寺(遊行寺)
図12　米沢市上杉博物館
図13　京都萬福寺
図14　本居宣長記念館
図15　『日本思想大系41　三浦梅園』岩波書店、一九八二年、五五三頁
図16　『大塩平八郎と民衆』大阪人権歴史資料館、一九九三年、一二八頁
図17　龍谷大学図書館
図18　東京都立中央図書館
図19　東京大学大学院法学政治学研究科附属近代日本法政史料センター明治新聞雑誌文庫
図20　池田昭編『大本史料集成Ⅲ　事件篇』三一書房、一九八五年、口絵
図21　日本女子大学成瀬記念館

図版出典一覧

図22、図23　毎日新聞社
図24　Getty Images

あとがき

私は仏教学を専攻し、平安・鎌倉期のごく狭い範囲の仏教思想を専門としてきた。その研究を進める中で、日本思想の全体の流れが分かりにくく、それをきちんと捉えることの必要を痛感するようになった。その頃、勤めていた東京大学文学部・大学院人文社会系研究科で、日本学専攻の枠を広げ、日本思想・宗教史の専門を設ける案が浮上した。私は学内の組織運営には疎かったが、この時だけは熱心に実現しようと働きかけた。しかし、十分な賛同を得られず、お蔵入りとなり、その後も復活させることができなかった。かつて戦時下に文学部に日本思想史講座が設けられ、皇国史観の平泉澄が担当して、戦後つぶされた経緯があった。そこで、日本思想史はタブーになり、結局その壁を破ることができなかった。その挫折が遠因となって、定年前に東京大学を去ることになった。

岩波新書で『日本宗教史』(二〇〇六)を出した後、『岩波講座日本の思想』全八巻(岩波書店、二〇一三—一四)、『日本思想史講座』全五巻(ぺりかん社、二〇一二—一五)の編集委員となり、宗教に限らず、日本思想史を全体として捉える必要をますます切実に感ずるようになった。そこから、読書案内的な『日本の思想をよむ』(角川書店、二〇一六。角川文庫、近刊)、テーマ別に日本思想の可能性を論じた『日本思想史の射程』(敬文舎、二〇一七)を出版した。王権と神仏を両極として思想を理解するというアイディアは、じつは『源氏物語』を読み込む過程で得られたもので、その論考は『仏教からよむ古典文学』(角川選書、二〇一八)に収録した。

本書『日本思想史』は小著ではあるが、このような長い経緯を経て、ようやく到達したものである。付け焼刃で十分にこなしていないところも少なくないであろうが、基本的な構図としては、かなり有効なものを示し得たかと思う。「はじめに」の文章はいささか過激に見えるかもしれないが、私の渾身からの願いである。

本書では、原典が岩波文庫に入っているものは、できるだけそれを用いるようにした。確かに岩波文庫には、少なからず日本思想史関係の原典が入っているが、驚いたことに、その多くは戦前に校訂されたものが、そのまま今でも時々復刻されている。古典文学では、新しい成果を生かして新版に入れ替わっているのと較べる時、日本思想史に対する認識がいかに遅れているかを如実に示している。それが少しでも変わるきっかけになってくれればと思う。

日本思想史の見通しがついたところで、いま私がぜひとも成し遂げたいと思っているのは、日本思想史をベースとした哲学の構築である。西洋からの借り物でなく、自分自身の血肉となっている思想の厚みの上に立って、本当に自分として納得のいく世界観・人間観を体系化しなければならない。その途中過程は、『他者／死者／私』(岩波書店、二〇〇七)、『哲学の現場』(トランスビュー、二〇一二)を経て、『冥顕の哲学1　死者と菩薩の倫理学』(ぷねうま舎、二〇一八)、『冥顕の哲学2　いま日本から興す哲学』(同、二〇一九)においてほぼ方向が定まった。それをさらに進めて、日本思想が十分に批判に耐えうる哲学の素材となることを示したい。そうして初めて、日本思想史が好事家の趣味ではなく、本当に日本人の誰にとっても必須の学であることが明らかになるであろう。非力ではあるが、そこまで見通しをつけることが、老いたるドン・キホーテの夢である。

ちなみに、近年、英文でJapanese Philosophyとして、古典思想まで含めた大冊の出版が相次いでいる(参考文献の末尾に記した)。今後、こうした動向も併せて考えていかなければならない。

本書の編集は、飯田建さんに担当していただいた。索引の作成、図版の選定など、飯田さんのお力によるところが大きい。本書のアイディアが熟する過程では、多くの友人たちに議論の相手をしていただいた。そうした皆さんに心からお礼申し上げたい。

二〇一九年十一月

著　者

岩波新書より

戦後思想を考える◆	日高六郎
イスラーム哲学の原像	井筒俊彦
エピクテートス	鹿野治助
北米体験再考	鶴見俊輔
孟　子	金谷　治
知者たちの言葉	斎藤忍随
現代日本の思想◆	久野　収 鶴見俊輔
日本の思想	丸山真男
権威と権力	なだいなだ
時　間	滝浦静雄
朱子学と陽明学	島田虔次
デカルト	野田又夫
プラトン◆	斎藤忍随
ソクラテス	田中美知太郎
古典への案内	田中美知太郎
現代論理学入門	沢田允茂
現　象　学	木田　元
実存主義◆	松浪信三郎
日本文化の問題◆	西田幾多郎

哲学入門

三木　清

(2023.7)　　◆は品切，電子書籍版あり．　(J2)

岩波新書より

宗教

空 海	松長有慶
最澄と徳一 仏教史上最大の対決	師 茂樹
ブッダが説いた幸せな生き方	今枝由郎
ヒンドゥー教10講	赤松明彦
東アジア仏教史	石井公成
ユダヤ人とユダヤ教	市川 裕
初期仏教 ブッダの思想をたどる	馬場紀寿
内村鑑三 悲しみの使徒	若松英輔
トマス・アクィナス 理性と神秘	山本芳久
アウグスティヌス 「心」の哲学者	出村和彦
パウロ 十字架の使徒	青野太潮
弘法大師空海と出会う	川﨑一洋
高 野 山	松長有慶
マルティン・ルター	徳善義和
教科書の中の宗教	藤原聖子
『教行信証』を読む 親鸞の世界へ	山折哲雄
国家神道と日本人	島薗 進
聖書の読み方	大貫 隆
親鸞をよむ◆	山折哲雄
日本宗教史	末木文美士
法華経入門	菅野博史
中世神話	山本ひろ子
イスラム教入門	中村廣治郎
ジャンヌ・ダルクと蓮如	大谷暢順
蓮 如	五木寛之
密 教	松長有慶
日本の新興宗教	高木宏夫
背教者の系譜	武田清子
聖書入門	小塩 力
イエスとその時代◆	荒井 献
慰霊と招魂	村上重良
国家神道◆	村上重良
お経の話	渡辺照宏
死後の世界	渡辺照宏
日本の仏教	渡辺照宏
仏 教〔第二版〕	渡辺照宏
禅と日本文化	鈴木大拙 北川桃雄 訳

岩波新書新赤版一〇〇〇点に際して

ひとつの時代が終わったと言われて久しい。だが、その先にいかなる時代を展望するのか、私たちはその輪郭すら描きえていない。二〇世紀から持ち越した課題の多くは、未だ解決の緒を見つけることのできないままであり、二一世紀が新たに招きよせた問題も少なくない。グローバル資本主義の浸透、憎悪の連鎖、暴力の応酬――世界は混沌として深い不安の只中にある。

現代社会においては変化が常態となり、速さと新しさに絶対的な価値が与えられた。消費社会の深化と情報技術の革命は、種々の境界を無くし、人々の生活やコミュニケーションの様式を根底から変容させてきた。ライフスタイルは多様化し、一面では個人の生き方をそれぞれが選びとる時代が始まっている。同時に、新たな格差が生まれ、様々な次元での亀裂や分断が深まっている。社会や歴史に対する意識が揺らぎ、普遍的な理念に対する根本的な懐疑や、現実を変えることへの無力感がひそかに根を張りつつある。そして生きることに誰もが困難を覚える時代が到来している。

しかし、日常生活のそれぞれの場で、自由と民主主義を獲得し実践することを通じて、私たち自身がそうした閉塞を乗り超え、希望の時代の幕開けを告げてゆくことは不可能ではあるまい。そのために、いま求められていること――それは、個と個の間で開かれた対話を積み重ねながら、人間らしく生きることの条件について一人ひとりが粘り強く思考することではないか。その営みの糧となるものが、教養に外ならないと私たちは考える。歴史とは何か、よく生きるとはいかなることか、世界そして人間はどこへ向かうべきなのか――こうした根源的な問いとの格闘が、文化と知の厚みを作り出し、個人と社会を支える基盤としての教養となった。まさにそのような教養への道案内こそ、岩波新書が創刊以来、追求してきたことである。

岩波新書は、日中戦争下の一九三八年一一月に赤版として創刊された。創刊の辞は、道義の精神に則らない日本の行動を憂慮し、批判的精神と良心的行動の欠如を戒めつつ、現代人の現代的教養を刊行の目的とする、と謳っている。以後、青版、黄版、新赤版と装いを改めながら、合計二五〇〇点余りを世に問うてきた。そして、いままた新赤版が一〇〇〇点を迎えたのを機に、人間の理性と良心への信頼を再確認し、それに裏打ちされた文化を培っていく決意を込めて、新しい装丁のもとに再出発したいと思う。一冊一冊から吹き出す新風が一人でも多くの読者の許に届くこと、そして希望ある時代への想像力を豊かにかき立てることを切に願う。

（二〇〇六年四月）

末木文美士

1949年山梨県生まれ．東京大学大学院人文科学研究科博士課程単位取得退学．博士(文学)
現在－東京大学名誉教授，国際日本文化研究センター名誉教授
専攻－仏教学，日本思想史
著書－『日本仏教史』(新潮文庫)，『日本宗教史』(岩波新書)，『仏教――言葉の思想史』(岩波書店)，『思想としての仏教入門』(トランスビュー)，『『碧巌録』を読む』(岩波現代文庫)，『草木成仏の思想』(サンガ)，『思想としての近代仏教』(中公選書)，『日本仏教入門』(角川選書) ほか

日本思想史　岩波新書(新赤版)1821

2020年1月21日　第1刷発行
2024年7月16日　第5刷発行

著　者　末木文美士《すえきふみひこ》

発行者　坂本政謙

発行所　株式会社 岩波書店
〒101-8002 東京都千代田区一ツ橋2-5-5
案内 03-5210-4000　営業部 03-5210-4111
https://www.iwanami.co.jp/

新書編集部 03-5210-4054
https://www.iwanami.co.jp/sin/

印刷・三陽社　カバー・半七印刷　製本・中永製本

ISBN 978-4-00-431821-7　Printed in Japan

書名索引

あ　行

か　行

さ　行

た　行

な　行

は　行

ま　行

や　行

ら・わ行

人名索引

あ　行

か　行

さ　行

た 行

な 行

は　行

ま　行

や　行

ら・わ行

岩波新書より

岩波新書より

花のある暮らし	栗田　勇
読書力	齋藤　孝
一億三千万人のための小説教室	高橋源一郎
一葉の四季	森まゆみ
西遊記	中野美代子
中国文章家列伝	井波律子
太宰治	細谷　博
ジェイムズ・ジョイスの謎を解く	柳瀬尚紀
三国志演義	井波律子
短歌をよむ	俵　万智
新しい文学のために	大江健三郎
歌い来しかた わが短歌戦後史	近藤芳美
万葉群像	北山茂夫
新折々のうた 1〜9◆	大岡　信
続 折々のうた	大岡　信
詩への架橋	大岡　信
アメリカ感情旅行	安岡章太郎
読書論	小泉信三
黄表紙・洒落本の世界	水野　稔
詩の中にめざめる日本	真壁　仁編
日本の現代小説	中村光夫
日本の近代小説	中村光夫
平家物語◆	石母田正
源氏物語	秋山　虔
古事記の世界◆	西郷信綱
日本文学の古典〔第二版〕◆	西郷信綱・永積安明・広末　保
李白	A・ウェイリー／小川環樹・栗山稔訳
新唐詩選	吉川幸次郎・三好達治
中国文学講話	倉石武四郎
ギリシア神話◆	高津春繁
文学入門	桑原武夫
万葉秀歌 上・下	斎藤茂吉

岩波新書/最新刊から

2010 〈一人前〉と戦後社会 ―対等を求めて― 沼尻晃伸・禹宗杬 著

弱い者が〈一人前〉として、他者と対等にふるまうことで社会を動かしてきた。私たちの原動力を取り戻す方法を歴史のなかに探る。

2011 魔女狩りのヨーロッパ史 池上俊一 著

ヨーロッパ文明が光を放ち始めた一五～一八世紀、魔女狩りという闇が口を開いたのはなぜか。進展著しい研究をふまえ本質に迫る。

2012 ピアノトリオ ―モダンジャズへの入り口― マイク・モラスキー 著

日本のジャズ界でも人気のピアノトリオ。エヴァンスなどの名盤を取り上げながら、その歴史を紐解き、具体的な魅力、聴き方を語る。

2013 スタートアップとは何か ―経済活性化への処方箋― 加藤雅俊 著

経済活性化への期待を担うスタートアップ。アカデミックな知見に基づきその実態を見定め、「挑戦者」への適切な支援を考える。

2014 罪を犯した人々を支える ―刑事司法と福祉のはざまで― 藤原正範 著

「凶悪な犯罪者」からはほど遠い、社会復帰のために支援を必要とするリアルな姿。司法と福祉の溝を社会はどう乗り越えるのか。

2015 日本語と漢字 ―正書法がないことばの歴史― 今野真二 著

漢字は単なる文字であることを超えて、日本語に影響を与えつづけてきた。さまざまなかたちから探る、「変わらないもの」の歴史。

2016 頼山陽 ―詩魂と史眼― 揖斐高 著

詩人の魂と歴史家の眼を兼ね備えた稀有な文人の生涯を、江戸後期の文事と時代状況のなかに活写することで、全体像に迫る評伝。

2017 ひらがなの世界 ―文字が生む美意識― 石川九楊 著

ひらがな＝女手という大河を遡ってその源流を探り、「つながる文字」の本質に迫る。貫之の名品から顔文字、そしてアニメまで。

(2024.6)